ESCRITORES CUBANOS EXILIADOS

Sesenta reseñas literarias

COLECCIÓN POLYMITA

EDICIONES UNIVERSAL, Miami, Florida, 2020

MANUEL C. DÍAZ

ESCRITORES CUBANOS EXILIADOS

Sesenta reseñas literarias

Copyright © 2020 by Manuel C. Díaz

Primera edición, 2020

EDICIONES UNIVERSAL
P.O. Box 450353 (Shenandoah Station)
Miami, FL 33245–0353. USA
e–mail: ediciones@ediciones.com
http://www.ediciones.com
Fundada en 1965

Library of Congress Control Number: 2020938008

ISBN–13: 978-1-59388-311-9

Composición de textos: María Cristina Salvat

Diseño de la cubierta: Luis García Fresquet

Foto del autor en la contraportada por José Aragón

Todos los derechos son reservados. Ninguna parte de este libro puede ser reproducida o transmitida en ninguna forma o por ningún medio electrónico o mecánico, incluyendo fotocopiadoras, grabadoras o sistemas computarizados, sin el permiso por escrito del autor, excepto en el caso de breves citas incorporadas en artículos críticos o en revistas. Para obtener información diríjase a Ediciones Universal.

A todos los escritores cubanos exiliados por hacer posible este libro.

ÍNDICE

1– José Abreu Felippe
 El instante
  –Fin de una pentalogía– 15

2– Juan Abreu Felippe
 Debajo de la mesa
  –Infancia, adolescencia y juventud– 17

3– Nicolás Abreu Felippe
 En Blanco y Trocadero
  –Divertida, ingeniosa y humana– 20

4– Álvaro Alba
 En la pupila del Kremlin
  –El asesinato de Trotski– 22

5– Elio Alba Buffill
 Cuba: agonía y deber
  –Conferencias y ensayos– .... 25.

6– José Antonio Albertini
 Siempre en el entonces
  –Realidades y fantasías– 27

7– Armando Álvarez Bravo
 Cuaderno de campo
  –La poesía vive todavía– 29

8– Félix Anesio
 El ojo de la gaviota
  –Entre lo cotidiano y lo trascendental– 31

9– José Azel
 Reflexiones sobre la libertad
  –Un compendio de lúcidos artículos periodísticos– ... 33

10– Manuel Ballagas
   Malas lenguas
      –Fantasías, vivencias y rencores– 35

11– Alfredo Ballester
   Ernest Hemingway y los muchachos del barrio
      –Lecciones de vida– 37

12– Ramón Barquín
   Mis diálogos con Fidel, Raúl, Camilo y el Che
      –Conversaciones históricas– 39

13 –Juan F. Benemelis
   El miedo al negro
      –Un profundo análisis del racismo en Cuba– 42

14– Hugo Blanco
   Lo que no dijiste a tu padre
      –Una aleccionadora novela– 44

15 – Reinaldo Bragado Bretaña
   La noche vigilada
      –Trágico rosario de sueños rotos– 46

16 –Guillermo Cabrera Infante
   Mapa dibujado por un espía
      –Crónica de un desengaño– 49

17 –Efrén Córdova
   50 Años de revolución
      –Análisis de las mismas lacerantes cuestiones 52

18– Ángel Cuadra
   Diez sonetos ocultos
      –Endecasílabos, cuartetos y tercetos 54

19– Raúl Eduardo Chao
   Colonial Cuba
      –Cuatro siglos de historia– 56

20– Pedro Corzo
La subversión castrista en América Latina
—Una historia de la intervención cubana— 59

21– Juan Cueto
Verycuetos III
—Entre la ironía, el humor y la reflexión— 62

22– Armando de Armas
El guardián de la batalla
—Novela que desafía todas las convenciones— 64

23– Luis de la Paz
Salir de casa
—La concentrada intensidad de la vida— 66

24– Amelia del Castillo
Palabras al vuelo
—Poesía, exilio y otros temas— 69

25– Carlos A. Díaz
Los dulces boleros del infierno
—Cuentos escritos desde la derrota— 71

26– Vicente Echerri
Historias de la otra revolución
—La memoria frente al olvido— 73

27– Julio Estorino
Una palabra más fuerte
—Los escritos de Monseñor Agustín Román— 75

28– Tomás Fernández-Travieso
El silencio del ayer
—Una novela de prosa precisa— 77

29– José Lorenzo Fuentes
El hombre verde
—Cuentos que podrían ser novelas— 79

30– Ernesto G.
Los relatos de Maurice Sparks
—Una estupenda colección de cuentos— 81

31– Carlos García Pandiello
Jaspora
  –Una novela cubana diferente– 83

32– Carolina García
Aguas sangrientas
  –Lupe Solano al fin habla español– 85

33– Cristina García
Las hermanas Agüero
  –Realismo mágico a la cubana– 87

34– Reinaldo García Ramos
Una medida inexacta
  –Ensayos de Reinaldo García Ramos– 89

35– Rita Geada
Antes de que cambie la marea
  –Una docena de poéticos cuentos– 91

36– Luis F. González-Cruz
Frente al espejo de Olorún
  –Final de una trilogía– 93

37– José M. González-Llorente
Visiones de los últimos días
  –La leve fragancia de la despedida– 95

38– José Guerra Alemán
Cuba Infinita
  –Una iconografía histórica– 97

39– Fernando Hernández
The Cubans: Our Legacy in the United States
  –Cubanos ilustres de todas las épocas– 100

40– Humberto López-Cruz
Guillermo Cabrera Infante
  –El subterfugio de la memoria– 103

41– Humberto López Guerra
Triángulo de espías
  –Cuba, Corea del Norte y Estados Unidos– 105

42– Jacobo Machover
El libro negro del castrismo
  –Testimonio del horror– 108

43– Maricel Mayor Marsán
Trilogía de teatro breve
  –Diversidad temática y tramas bien estructuradas– .. 110

44– Carlos Alberto Montaner
El presidente
  –Un manual para electores y elegidos– 112

45– Gina Montaner
La mala fama
  –Crónica de una novela anunciada– 114

46– Enrique Guillermo Morató
El sueño de la calabaza y otros relatos
  –Una vida en forma de sueños– 117

47– Alberto Muller
Retos del periodismo
  –Un manual de ética periodística– 120

48– Mirta Ojito
El Mañana
  –Al rescate de la memoria colectiva– 122

49– Yolanda Ortal Miranda
Cuando lloran los delfines
  –Contundente y aleccionadora– 125

50– Oscar F. Ortiz
El elegido
  –Entre la realidad y la fantasía– 127

51– Rodolfo Pérez Valero
Habana-Madrid
  –Del infierno al paraíso– 129

52– Julio Pino Miyar
　La espléndida ciudad
　　–Una colección de ensayos literarios– 132

53– Jorge Posada
　Culos habaneros
　　–Retrato de una ciudad y una época– 134

54–José Ignacio Rasco
　Acuerdos, desacuerdos y recuerdos
　　–Una vida al servicio de la libertad y la democracia– 137

55– José Conrado Rodríguez
　Sueños y pesadillas de un cura en Cuba
　　–Un libro valiente y repleto de verdades– 140

56– Enrique Ros
　Cuba: mambises nacidos en otras tierras
　　–Solidaridad en la manigua– 142

57– Arnoldo Tauler
　Batalla contra el eclipse
　　–¿Realidad fantástica o fantasía real?– 145

58– Zoé Valdés
　La mujer que llora
　　–Premio Azorín 2013– 147

59– José Raúl Vidal
　José Martí
　　–A la lumbre del zarzal– 150

60– Cecilia la Villa
　Juanín
　　–Testimonios de una vida ejemplar– 152

PRÓLOGO

Durante más de veinte años he estado escribiendo reseñas literarias para el periódico El Nuevo Herald de Miami. La primera, lo recuerdo bien, fue la del libro *La tierra más hermosa* (Alfaguara, 1996), del escritor español Joaquín Leguina. No recuerdo por qué la escogí. Quizás fue porque era de tema cubano. O porque me pareció que podría ser la gran novela cubana que todos hemos estado esperando. No lo fue. Era abarcadora, ambiciosa y bien escrita (la historia de la familia Cajigas contada desde el machadato hasta la instauración del comunismo en la isla), pero desafortunadamente le faltaba credibilidad a la trama y cubanidad a los personajes.

Me pareció que haber comenzado con una reseña negativa era una mala señal. Pero no desistí y continué escribiéndolas. Le siguieron otras muchas (buenas y malas) de autores con renombre: Mario Vargas Llosa, Gabriel García Márquez, Carlos Fuentes, Camilo José Cela, Isabel Allende, José Saramago, Dan Brown, Ken Follet y Umberto Eco, por solo citar unos pocos.

Pero también, junto a las reseñas de esos escritores consagrados (algunos Premio Nobel, incluidos) siempre estuvieron la de los escritores cubanos exiliados.

Cuando llegó el momento de escoger las que aparecerían en esta compilación, descubrí que eran muchas más de las que yo recordaba. Si las incluía todas sería un libro de 800 páginas y eso, desde luego, no era posible. Entonces pensé que sería una buena idea incluir nada más que las de los escritores cubanos exiliados.

Sería mi humilde homenaje a quienes a pesar de haber tenido que desarrollar su obra en muy difíciles circunstancias, nunca dejaron de reflejar en ellas la angustia de nuestro largo, triste y doloroso exilio.

Desde los primeros, Lydia Cabrera, Enrique Labrador Ruiz y Gastón Baquero, hasta los que llegaron después, Guillermo Cabrera Infante, Rita Geada, Orlando Rossardi, Armando Álvarez Bravo, Ángel Cuadra, Vicente Echerri, los hermanos José, Juan y Nicolás Abreu, Carlos Victoria, Reinaldo Arenas, Luis de la Paz, José Lorenzo Fuentes, Reinaldo Bragado Bretaña, José Antonio Albertini, Armando de Armas, Antonio Orlando Rodríguez y Zoé Valdés entre muchos otros.

Es a los escritores cubanos exiliados —a todos ellos— a quienes está dedicado este libro.

JOSÉ ABREU FELIPPE

EL INSTANTE
–Fin de una pentalogía–

A diferencia de tetralogía o trilogía, el término «pentalogía» no aparece (aunque se acepta su uso) en los diccionarios. Quizás sea porque la Academia de la Lengua piensa que no hace falta. Después de todo, son pocos los autores contemporáneos cuyo alcance argumental y temático necesite una pentalogía. La mayoría se acondiciona a ese canon editorial no escrito (60,000 palabras y un argumento plausible coherentemente distribuido en una docena de capítulos) que rige la lista de los *best sellers*.

Hay excepciones, claro. Pero ni aun ésas –pienso en *The Century*, la reciente trilogía de Ken Follet– se atreven con la mágica cifra de cinco. Solo algunos libros, como el bíblico *Pentateuco*, pertenecen a esa exclusiva categoría. Existen otras, más cercanas en el tiempo, como la *Twlight* de Stephanie Meyer, o la ambiciosa –ya en el ámbito de la literatura cubana– *El olvido y la calma*, de José Abreu Felippe, que acaba de concluir con la publicación de la novela *El instante* (Editorial Silueta, 2011) la última de la serie.

Saber atrapar al lector desde el principio y no permitirle tomar aliento hasta el final es un don que solo unos pocos escritores poseen. José Abreu Felippe es uno de esos pocos. Y una prueba de ello es esta novela que, aunque escrita sin concesiones estéticas y llena de un violento lirismo, de alguna poética y misteriosa manera –por el solo embrujo de su perturbadora prosa– se convierte en un verdadero *page turner*. O tal vez sea también porque su trama – si es que hay alguna en este alucinante recorrido de la memoria– rescata del olvido (para aquellos que la vivieron) la cotidianeidad de una generación que se hizo adulta entre el deslumbramiento y el desengaño que les provocó la revolución cubana.

El instante abarca el período de los años setenta («La Habana todavía era una ciudad que se podía caminar y las tardes desembocaban todas en el malecón») contados desde el punto de vista de Octavio, el personaje principal y voz narrativa de toda la pentalogía quien, recién salido del Servicio Militar Obligatorio «se prepara para vivir, con toda la intensidad que le sea posible, su juventud». Algo que, en cierta forma, logra. Sobre todo cuando reafirmando su compromiso con la literatura, comienza a leer a los clásicos («Ya había acabado con el *Amadís* y las *Sergas de Esplandián* y comenzaba a redescubrir *El Quijote*»), o cuando encuentra en Hugo, su amante, el amor verdadero.

La novela concluye con los dramáticos sucesos de la embajada del Perú («¿Y ahora qué? ¿Debíamos abandonarlo todo y correr hacia aquel sitio que representaba, entre otras cosas, una posibilidad, una vía, para alcanzar la libertad? ¿Debíamos mis hermanos y yo acudir a aquella delirante convocatoria?») y el éxodo del Mariel («No se podía llegar hasta la entrada del Fontán, tenían tirado un cordón y había cientos de gentes de las milicias, de los Comités, de las escuelas, y hasta de los centros de trabajo que traían constantemente en camiones: !Que se vaya la escoria!».

En la escena final, Octavio, que no logra entrar a la embajada con sus hermanos, decide quedarse en Cuba para cuidar de sus padres –que no quieren marchar al exilio– y debe despedirse de Hugo: «Un rojo sucio se derretía sobre los edificios del otro lado de la calle, unas nubes oscuras centellaban ajenas a mi tragedia. El peso de la tarde que ya caía se hacía sentir sobre los cuerpos apurados, que se opacaban, silenciándolos. La Habana, desde aquel día, ya no sería la misma. Y las tardes no volvieron a desembocar nunca en el malecón».

El instante es un cierre justo a uno de los proyectos literarios más abarcadores emprendido por un escritor cubano exiliado. Junto a los otros volúmenes que conforman la pentalogia (*Barrio azul, Sabanalamar, Siempre la lluvia* y *Dile adiós a la Virgen*) esta novela es la historia de una familia que, a pesar de haber enfrentado numerosos conflictos, permaneció unida. Escrita con increíble franqueza es también, en cierta medida, la historia de una generación. Una generación cuya asfixiante existencia sirvió de telón de fondo para que Abreu pudiera deshacerse de algunas de sus más antiguas obsesiones.

José Abreu Felippe (La Habana, 1947) se exilió en 1983. Vivió unos años en Madrid y desde 1987 reside en Miami. Es poeta, narrador y dramaturgo. Ha publicado, además de las cinco novelas de El olvido y la calma, cuatro volúmenes de poesía, entre ellos El tiempo ajeno (Premio Internacional de Poesía Gastón Baquero, 2000), así como dos libros de cuentos y tres piezas de teatro. En 2012 recibió el Premio Baco de Teatro.

JUAN ABREU FELIPPE

DEBAJO DE LA MESA
–Infancia, adolescencia y juventud–

De niño, Juan Abreu se escondía debajo de la mesa del comedor para desde allí ver pasar el mundo de los adultos. No siempre, claro. A veces salía de su escondite y se aventuraba más allá de las protectoras paredes de su humilde casa en el reparto Poey. Es por eso que en el primer capítulo de sus memorias, *Debajo de la mesa* (Editores Argentinos, 2016), pudo describir la siguiente escena: «Estrella, la vecina que vive en la mejor casa del barrio, nos ha echado; fuimos con la esperanza que nos dejara ver la televisión: !Anda, lárguense que esto no es un cine! Regresamos a la casa llorando. Yo tendría diez años y mi hermano Nicolás ocho. Mi madre sale a la calle. Una vez frente a la casa de Estrella, la desafía a grandes voces: que salga, que salga, que le va a romper la cara; que a sus hijos si que no, que con sus hijos no se mete nadie. Parecía que desafiaba a la vecina, pero yo sé que desafiaba al Universo».

Las memorias de Juan Abreu abarcan sus primeros veintiocho años de vida. Comienzan con el recuerdo de su madre Concha protegiendo a su prole y terminan con su salida de Cuba durante el éxodo del Mariel: «Que se vayan los gusanos; que se vayan». Es el mes de marzo de 1980 y en La Habana los que se marchan son insultados y golpeados. Actos de repudio: el escupitajo como política de Estado. Vejaciones y maltratos. Y lo peor: eran sus propios compatriotas quienes se los infligían. Es imposible imaginar una degradación mayor que la de un pueblo capaz de perpetrar semejantes abusos. Juan Abreu está solo frente a la barbarie. Su madre, esta vez, no puede ampararlo.

Entre un capítulo y otro (más bien viñetas de momentos rescatados a la memoria) hay tres décadas de historia: la de la familia Abreu y la de Cuba. Entrelazadas en el texto como si fueran una sola: desde los años cincuenta hasta los sesenta y setenta. Algunos títulos trazan el cronograma de su vida y el de la nación. Los de la primera parte del libro corresponden a la década republicana: La familia (padres, abuelas, hermanos, dos perros y un gato); La casa (Calle Cuarta, Número 302 esquina F, Reparto Poey, «donde a pesar de nuestra pobreza se desayunaba, se almorzaba y se comía todos los días»); La escuela («Sus paredes estaban decoradas con escenas de cuentos infantiles y los maestros eran educadores, pedagogos graduados en la prestigiosa Escuela Normal»); Nochebuena («Mi madre reinaba en la cocina y de ella emanaban suntuosos aromas. Venían las tías, los tíos y los primos. ¿Qué atmósfera mágica se instalaba en nuestra miseria? ¿Qué nobleza descendía del cielo? ¿Qué sensación de dicha encontraba refugio en nuestros corazones?»).

En la segunda parte, los títulos se tornan amenazadores: *Bajas pasiones*; *Escuela al campo*; *Servicio Militar Obligatorio*; *Arresto* y *Fugas*. Hay otros, como *Cinemateca*, *Biblioteca Nacional* y *San Alejandro*, en los que se explica cómo la cultura ayudó a muchos jóvenes de aquella época a sobrevivir en aquel infierno. En los finales se pueden adivinar los avatares de la década del setenta, quizás una de las más terribles, porque fue cuando se hizo evidente el carácter irreversible de aquella fracasada nación: *La Embajada del Perú*; *Turbas*; *Tiempo de partir*; *La despedida*; *El Mosquito* y *Mariel*.

Si *Debajo de la mesa* fuese una novela, sería una de aprendizaje. Pero no lo es. Esta es una biografía de infancia, adolescencia y juventud, si es que existe ese género. Está escrita, eso sí, con el mismo rigor lingüístico de una ficción. Y con sus técnicas. Su minuciosidad narrativa, pocas veces vista en un testimonio, es sorprendente. Asombra la cantidad de detalles que Juan Abreu ha sido capaz de recordar. Quienes vivieron aquellos años reconocerán no solo los escenarios, sino que se sentirán atrapados por la atmosfera surrealista de aquel manicomio.

En el último capítulo, cuando Juan Abreu sube al barco camaronero y este comienza a alejarse de la costa, lo invade el desconcierto. Pero es solo un momento. Enseguida se recobra. Está convencido que la tierra donde nació «se ha convertido en un sitio odioso. Inhabitable». Y que no tiene nada que ofrecerle «salvo vileza, estupidez, degradación y muerte». La escena que cierra este estupendo libro es poética y esperanzadora: «Espuma, miles de verdes y un azul que se hace profundo y sólido al tiempo que aumenta la distancia que nos separa de la costa. Vuelvo la espalda a la isla que se difuma y en mi interior comienza por primera vez a diluirse el miedo. Debe ser la libertad».

Juan Abreu nació en La Habana en 1952. Salió de la isla en 1980 durante el Éxodo del Mariel. Su exilio en ciudades como Miami, Nueva York o San Francisco sirvió para iniciar su carrera literaria que, desde 1997, ha continuado en Barcelona.

En España ha publicado, entre otros textos, A la sombra del mar (Casiopea, 1998), Garbageland (Mondadori, 2001), Gimnasio (Poliedro, 2002), Accidente (Debolsillo, 2004), Cinco cervezas (Poliedro, 2005), Diosa (Tusquets, 2007), Una educación sexual (Linkgua, 2012), El reto (Jot Down Books, 2013). Su obra ha sido traducida al alemán, francés, italiano y catalán.

NICOLÁS ABREU FELIPPE

EN BLANCO Y TROCADERO
–Divertida, ingeniosa y humana–

Las historias de manuscritos perdidos abundan en el anecdotario de la literatura contemporánea. Le ha ocurrido a muchos escritores; incluso algunos galardonados con el Nobel. Uno de ellos, Gabriel García Márquez, extravió un cuaderno de escuela en el que tenía, según confesó en una ocasión, «sesenta y cuatro temas anotados con tantos pormenores que solo me faltaba escribirlos». Nunca lo encontró. Eventualmente, después de un viaje a Europa (donde transcurrían algunas de las tramas de sus relatos), reescribió lo que su memoria alcanzó a rescatar. Son los que aparecen en *Doce cuentos peregrinos*.

A otro Nobel, John Steinbeck, su perro Toby literalmente le comió el manuscrito de su novela *De ratones y hombres*. Lo masticó tanto que cientos de sus páginas –las que no logró tragarse– terminaron convertidas en pulpa de celulosa; no se pudo recuperar ni un solo capítulo. Después de un inicial ataque de furia, Steinbeck se calmó, volvió a escribir la novela en su totalidad y terminó agradecido de su perro porque la nueva versión siempre le pareció mejor que la que Toby se había almorzado.

Y están también las numerosas historias de manuscritos confiscados a sus autores por la policía política de los países totalitarios. En el caso de Cuba por la Seguridad del Estado, como le ocurrió a los de Reinaldo Arenas, Carlos Victoria y René Ariza, que terminaron en manos de los investigadores de Villa Marista. Sin embargo, no siempre los inquisidores castristas se salen con la suya. A los del escritor Nicolás Abreu Felippe, por ejemplo, nunca lograron echarle garra. Aunque el acoso era tanto en aquellos años que, en una ocasión, temiendo que registraran la casa, Abreu le prendió fuego al manuscrito de *El Sisi*, una de las tres novelas que había escrito hasta la fecha. Otra de ellas, *La Perlana*, por fortuna se salvó de las llamas; pero le llegó tan fragmentada al exilio que solo pudo insertar algunos de sus capítulos en una nueva novela titulada *La mujer sin tetas*, publicada cuando ya residía en Estados Unidos.

El único manuscrito de Nicolás de aquella época que se salvó (del fuego, de los registros policíacos y del pésimo servicio postal) fue el de su novela *En Blanco y Trocadero*, que al fin, cuarenta años después, acaba de ser publicada por Ediciones Neo Club.

Narrada en primera persona, *En Blanco y Trocadero* es una novela en la que se cuentan las peripecias diarias de un niño cubano creciendo en La Habana de los años sesenta: «Yo andaba con mis medias largas y en pantalones cortos como Jack, el personaje infantil de las novelas de Enid Blyton. Mi hermano Rolo se subía a la azotea y hablaba pegando la boca al tubo por donde bajaba la antena del televisor. A la primera palabra que oíamos se formaba el correteo. Todo el mundo salía como una flecha a escalar el muro o trepar por la mata de piñón de botija».

Casi todas las novelas de iniciación (y esta, a su manera, es una de ellas) terminan con la pérdida de la inocencia de sus protagonistas. No importa si son niños en el tránsito hacia la temprana juventud o adolescentes en el umbral de la adultez. Al menos así es en las más representativas del género. Y *En Blanco y Trocadero* no es la excepción. Aquí el personaje principal, Tolentino (una suerte de Huckleberry Finn tropical), también pierde la inocencia. Y cómo no iba a perderla si su infancia transcurre entre la victoria revolucionaria de 1959 (con sus cuotas de júbilo popular, juicios sumarísimos y fusilamientos) y la ofensiva ideológica de 1968, con el desmantelamiento de los últimos reductos de la empresa privada, quizás una de las peores épocas para hacerse adulto en Cuba: deslumbramiento, decepción, cárcel, crímenes, confiscaciones y exilios.

En *Blanco y Trocadero* es una novela muy bien escrita que sorprende no solo por su originalidad estilística, sino también por la fluidez cinematográfica de sus escenas. Pero sobre todo, por la forma en que Abreu consiguió unir la sencillez narrativa de los niños con la profundidad de observación de los adultos sin que en el texto se notasen sus costuras. Un estupendo libro: inimitable, satírico, divertido y tremendamente humano.

Nicolás Abreu Felippe (La Habana, 1954) llegó a Estados Unidos en 1980, a través del puente marítimo Mariel–Cayo Hueso. Es autor de Al borde de la cerca (Madrid, 1987) testimonio de sus experiencias como asilado en la embajada de Perú en La Habana; de las novelas El lago (Miami, 1991), Miami en brumas (Ediciones Universal, 2000) y La mujer sin tetas (Editorial El Almendro, 2005)

ÁLVARO ALBA

EN LA PUPILA DEL KREMLIN
–El asesinato de Trotski–

El más reciente libro del historiador y periodista Álvaro Alba, *En la pupila del Kremlin* (Asopazco, 2011) trata sobre el asesinato del dirigente bolchevique Lev D. Trotski y de la relación de su asesino, Ramón Mercader con el espionaje soviético. En realidad, este ensayo testimonial (así lo llama el propio Alba) es mucho más que un análisis de los acontecimientos que condujeron al asesinato del fundador del Ejército Rojo el 21 de agosto de 1940 en México. Y es que entre su *Introducción a la historia soviética*, con la que comienza el libro, y el capítulo 9, titulado *Sumario de los hechos*, está el testimonio de KarmenVega, una hispano soviética que conoció a Ramón Mercader en Moscú después de haber salido éste de la cárcel (cumplió veinte años en Lecumberri) y radicarse en la capital soviética.

Es por eso que el libro admite dos lecturas: la de los hechos históricos que corren por cuenta de Álvaro Alba y están narrados con meticulosidad académica; y la correspondiente a la saga de los Vega, una familia española (andaluza por más señas) exiliada en la Unión Soviética después de la derrota de la República, que nos llega en la voz de Karmen y está contada con la profundidad emocional de los desterrados. Y es precisamente esa dualidad genérica entre el ensayo y la memoria autobiográfica, la que le otorga al texto una bienvenida diversidad.

La introducción prepara al lector para una mejor comprensión del libro y comienza con la agudización de la lucha por el poder entre Stalin y Trotski después de la muerte de Lenin, cuando Stalin «fue separando a Trotski de los cargos gubernamentales y políticos para enviarlo primero al exilio interno, después al destierro y al final ordenar su asesinato». También abunda en cómo se trató de borrar la participación de Trotski presentándolo como un oportunista y un traidor a la patria y al marxismo. Así mismo, se analiza el trotskismo como pensamiento político y se le compara con el estalinismo.

Pero son los capítulos correspondientes a la historia de KarmenVega y su familia, por su detallado recuento histórico y por su hondo contenido humano, los que sustentan el libro. Y es que esta mujer, nacida en la URSS en 1949, en una granja colectiva de la península de Crimea, fue testigo de importantes eventos en la historia de los exiliados españoles en la Unión Soviética y, en particular, en la de Ramón Mercader, el asesino de Trotski.

El relato, al margen de cualquier consideración ideológica, no deja de ser conmovedor. Karmen cuenta cómo sus padres sufrieron por la muerte de sus dos hijos. Lenin, el mayor, de ocho años de edad y nacido en España, que enfermó de meningitis y falleció por falta de asistencia médica; y María del Carmen, nacida en la URSS y que murió a causa de unas quemaduras que no fueron atendidas adecuadamente. Luego narra los esfuerzos de la familia por preservar su idioma (en la casa solo se hablaba español), y cómo, para conservar las costumbres andaluzas, las hijas aprendieron a bailar flamenco y se vestían de sevillanas en los eventos culturales de la escuela.

Uno de los capítulos corresponde a la etapa en que la familia viaja a Cuba en 1963, junto a otros hispano soviéticos, en calidad de asesores del nuevo gobierno revolucionario de la isla; otros son los del regreso a la URSS (es la etapa donde Karmen conoce al asesino de Trotski) y los de la muerte de Mercader en La Habana en 1978 y que Karmen resume de esta manera: «La última imagen que tengo de Ramón es sobre la cama del hospital, con una venda en la cabeza, muy parecida a la foto de Trotski cuando fue agredido mortalmente por el mismo Mercader». Pura justicia poética habría que decir. En sus últimos días, el asesino, que nunca manifestó arrepentimiento por su crimen, se vio aquejado por terribles dolores de cabeza, como si tuviese enterrado en el cráneo el mismo piolet de alpinista con el que mató a Trotski.

El libro cierra con un *Sumario de los hechos*, en el que Alba documenta no solo cómo se llevaron a cabo los planes para asesinar a Trotski y cómo fracasaron los numerosos intentos por rescatarlo de la cárcel, sino también las pruebas de la participación del espionaje soviético en ellos.

En la pupila del Kremlin es un libro valioso. No solo por el caudal de información inédita que contiene sobre un importante hecho histórico, sino también por su rigor académico. Es valioso, además, porque pone al descubierto episodios nunca antes revelados sobre las ramificaciones internacionales del espionaje soviético y sus vínculos con el gobierno cubano.

Álvaro Alba (Cuba, 1963), estudió en la Universidad de La Habana y en la Universidad Estatal de Odessa, donde obtuvo una maestría en Historia. Vive en Estados Unidos desde 1993. En 2002 publicó el libro Almas gemelas, un análisis comparativo entre Josef V. Stalin y Fidel Castro. Desde 2007 trabaja como Jefe de Información de Radio y Televisión Martí.

ELIO ALBA BUFFILL

CUBA: AGONÍA Y DEBER
–Conferencias y ensayos–

El profesor Elio Alba Buffill ha estado escribiendo libros sobre Cuba desde hace muchos años. Quizás más de los que él hubiese deseado. Es autor de varios ensayos sobre Enrique José Varona y ha dictado numerosas conferencias sobre José Martí. Pero eso no quiere decir que haya limitado su ámbito académico a la historia de Cuba y su literatura. Al contrario, lo ha extendido también hacia la cultura hispanoamericana. Así, con el mismo rigor intelectual con el que es capaz de escribir sobre la transcendencia histórica de Antonio Maceo, o sobre la importancia de la obra de Gertrudis Gómez de Avellaneda, puede hacerlo sobre la vigencia de *Ariel*, de Rodó. Y es que, desde el Río Grande a la Patagonia, su labor investigativa no ha tenido fronteras nacionales.

Sin embargo, a pesar de esos amplios horizontes, sus mayores esfuerzos han estado destinados, más que nada, a divulgar la cultura cubana.

Cuba: agonía y deber (Universal, 2009), su libro más reciente –una compilación de sus conferencias y ensayos– es una prueba de ello. Su contenido es abarcador: desde el padre Félix Varela hasta el insigne historiador y geógrafo Leví Marrero. Los títulos pueden dar una idea de su variedad temática: *La Guerra de los 10 años y la formación de la conciencia nacional cubana; Proyecciones Históricas de la Constitución de 1940; El ensayo en la República; La gran tradición de la crítica cervantina en Cuba; El reino de este mundo de Alejo Carpentier: profundo pesimismo ante las revoluciones; Playa Girón: su significación histórica* y *El Presidio Político: voz de la dignidad del pueblo cubano*.

Todo el material contenido en el libro está estructurado de forma que sea una especie de recorrido en el tiempo. De una manera cronológica, aparecen desde las guerras de independencia hasta las diferentes etapas de la lucha contra el régimen castrista. Cada ponencia es una oportunidad de esclarecer conceptos (aproximaciones entre la devoción sacerdotal y el positivismo filosófico), resaltar la vida de cubanos que, aunque ejemplares, han sido poco divulgadas (trayectoria pública de Eduardo Facciolo, periodista ejecutado por los españoles en 1852), rememorar fechas patrióticas (Bahía de Cochinos, 1961), o denunciar abusos como los cometidos contra las presas políticas cubanas.

Además de sus ensayos y conferencias, también han sido incluidas las presentaciones de los libros, *Por la libertad de Cuba: una historia inconclusa* y *Grandes debates de la Constitución Cubana de 1940*, ambos de Néstor Carbonell Cortina, así como *En torno al nuevo orden mundial*, de Ariel Remos, y *La revolución de 1933*, de Enrique Ros.

Cuba: agonía y deber es un importante libro que recoge en un solo volumen trabajos que, de otra manera, quedarían dispersos. Y contiene, además, estudios que podrían ayudar a las generaciones jóvenes a comprender mejor la formación de la conciencia nacional. O a descubrir la entereza con la que el pueblo cubano ha afrontado «la agonía de toda la opresión, desde la colonia hasta la del momento presente, con la reciedumbre que anima al cumplimiento del deber».

Elio Alba Buffill fue profesor emérito de City University of New York, en las disciplinas de Lengua y Literatura Española e Hispanoamericana y Profesor Visitante de la Universidad Católica del Uruguay. Fue también Secretario Ejecutivo Nacional del Círculo de Cultura Panamericano y Editor de la revista de cultura Círculo. Perteneció a la Academia Norteamericana de la Lengua Española. Falleció el 24 de agosto de 2017 en Cedar Grove, New Jersey, a los 87 años de edad.

JOSÉ ANTONIO ALBERTINI

SIEMPRE EN EL ENTONCES
–Realidades y fantasías–

Muchos escritores encuentran en la historia una fuente inagotable de ideas. Algunos inventan un personaje y lo sitúan en una trama con un trasfondo de histórica trascendencia. Otros, en lugar de inventarlo, utilizan uno verdadero y, a partir de su biografía, construyen una novela. Nada malo en ello; ambas técnicas narrativas son válidas. Y es que puestos a escribirla, ¿por qué no hacerlo tomando como base hechos verídicos? Sobre todo cuando la realidad, como se dice, supera la fantasía. Después de todo, ¿no es eso lo que siempre han recomendado los profesores de escritura creativa? La verdad es que la mayoría de los escritores lo ha hecho; hasta los consagrados. Sin embargo, hay quienes prefieren fabricar sus ficciones, no a partir de la historia sino de sus recuerdos, como ha hecho el escritor cubano José Antonio Albertini en su libro más reciente, *Siempre en el entonces* (Alexandria Library, 2017).

El volumen está compuesto de dos noveletas (una al comienzo y otra al final) y ocho cuentos convenientemente colocados entre ambas. La primera de ellas, *Las macuquinas de don Maximino*, que por la complejidad de su trama podría haber sido una novela, es una historia de amor que transcurre en dos épocas separadas por siglos de distancia y en la que aparecen, entrelazados con leyendas y mitos, temas como la trasmigración de las almas, la inmortalidad y la reencarnación. La segunda, *Siempre en el entonces*, que da título al libro, es también una historia de amor; solo que más contemporánea y tremendamente conmovedora porque se desarrolla al final de la vida de sus protagonistas cuando ambos se preparan, con serenidad y confianza, a partir hacia el ocaso.

Pero son los cuentos quienes le otorgan al libro (quizás por la ligera homogeneidad estilística que los enlaza) su continuidad argumental. Y es que todos están escritos a partir de las vivencias del autor. Desde el primero, *A las puertas de la noche*, un breve pero poético homenaje literario a Hemingway; hasta el último, *Transitar sin adioses*, un empírico decálogo de dolorosas despedidas. No son los únicos. Hay otros en los que es posible advertir, aun más, su esencia anecdótica.

Como por ejemplo, en el titulado *Horizontes de mar y cielo*, narrado con un extraordinario aliento literario y en el que se recrea un imaginado encuentro entre Dulce María Loynaz y un exiliado cubano que ha regresado en sueños a la isla. O en *La vida es un adiós*, un relato inspirado en la canción *Adiós felicidad*, de la compositora cubana Ela O'Farrill, repleto de detalles de época y reminiscencias personales. O en *El estertor de la memoria*, quizás el más logrado del conjunto, dedicado a Pablo Pastrana Bencomo, un cubano desterrado que padecía de Alzheimer y anhelaba regresar a su patria. El relato, narrado alternando *flashbacks* de su pasado en Cuba con escenas de su vida en Estados Unidos, avanza hacia un final que, aunque previsible, no deja de resultar doloroso: un día el anciano salió de su casa «aferrando su vieja maleta de isla extraviada» y fue encontrado muerto en las vías de un tren.

Siempre en el entonces es un libro muy bien escrito que sorprende por su diversidad temática y por el novedoso tratamiento que se le da a viejos temas literarios, tales como el amor, la vejez y la muerte. Tanto en las noveletas como en los cuentos, Albertini emplea un lenguaje que, aunque directo, no está exento de cierta capacidad de sugerencia. Aquí las tramas no son históricas; sino personales. Nostalgias convertidas en literatura.

José Antonio Albertini nació en Santa Clara, provincia de Las Villas, Cuba. Fue condenado a prisión por conspirar contra el gobierno. En el presente reside en Estados Unidos, junto a su familia. Es autor de las novelas Tierra de extraños, A orillas del paraíso, Cuando la sangre mancha, El entierro del enterrador, Allá donde los ángeles vuelan y Un día de viento. En la actualidad conduce el programa televisivo Cuba y su historia en WLRN–CANAL 17. Es presidente del PEN CLUB de escritores cubanos en el exilio.

ARMANDO ÁLVAREZ BRAVO

CUADERNO DE CAMPO
–La poesía vive todavía–

Las noticias de la muerte de la poesía –parodiando a Mark Twain– han sido exageradas. Es verdad que todavía sigue siendo una especie en peligro de extinción. Pero eso no significa que esté muerta. La prueba es que, a pesar de los ominosos vaticinios de algunos agoreros de oficio, se siguen celebrando simposios y congresos sobre poesía en todo el mundo y en todos los idiomas. Es decir, los poetas no se dan por vencidos. Ellos siguen, a ultranza, engarzando endecasílabos. Y aunque nunca lleguemos a escuchar el *Romancero gitano* de Lorca en un *ringtone*, sí seguiremos leyendo poesía en los poemarios que nos llegan, como el que acaba de publicar Armando Álvarez Bravo con Ediciones Universal, titulado *Cuaderno de campo*.

Armando Álvarez Bravo es un poeta de larga data. Su poesía, desde su primer libro, *El azoro*, publicado en 1964, pasando por muchos otros, entre ellos, *Para domar un animal*, ganador en 1981 del Premio Internacional José Luis Gallego, hasta este de ahora en 2009, se había caracterizado por su temática universal. Sus poemas transitaban de la cotidianeidad a la reflexión con sorprendente facilidad. Es decir, sus temas habían sido los de «la vida misma», como él ha llegado a catalogarlos.

Sin embargo, en algunos de los poemas de *Cuaderno de campo* –primorosamente trabajados como siempre– se advierte un tono de pesimismo otoñal que le hace llamar «andadura», no sin cierta tristeza, a la vida, y «acabamiento» a los que debieran ser sus años dorados. Así, en el poema *Llueve esta tarde de domingo*, escribe: «Un hombre solo no hace ruido/ y menos en su tercera edad/ vísperas de sus setenta años/ y con todos sus tenaces/ y crecientes males/ precipitándolo hacia el fin». O en el *Poema de los setenta años*, donde dice: «He vivido, he resistido/ Ha sido tan duro como difícil/ Mi historia son poemas y cicatrices/ Lo que no pudo ser es el pasado/ Ni la dicha ni la eternidad/ pueden explicarse/ ¿Alguien propone un brindis por mis setenta años».

Es cierto que no todos los poemas son así. Vistos en su conjunto, constituyen un compendio de su quehacer poético. Hay muchos en los que se percibe una sosegada felicidad. Son los que le dedica a su familia. Otros están ungidos de una inquebrantable fe en la vida eterna. Son los que le dedica a Dios. Pero ni aun así puede uno sustraerse a la idea de que Álvarez Bravo está despidiéndose de la vida. Sobre todo al leer las cartas que al final del libro le hace a sus hijas y a sus nietos «El paso del tiempo me acerca inexorable a ese juicio particular. Por lo que debo precisar mi defensa. No se juega con la eternidad. Nada puede ser más angustioso, pues está en juego mi alma inmortal». O la que le escribe a un hipotético lector del futuro: «Cuando ese desconocido para quien escribo estas palabras las lea, pido a Dios, a su infinita misericordia, que en la tierra en que nací prevalezcan la libertad, la paz y la justicia que aquí disfruto».

Cuaderno de campo es, más que un libro de poemas, un testamento. Literario, pero testamento al fin. Y no debería ser así. Álvarez Bravo, como la poesía, no ha muerto. El «acabamiento» no es el fin, es el comienzo de una nueva vida. Todavía no ha llegado el momento de escribir epitafios. Lo que se impone es rescatar las metáforas perdidas, los símiles extraviados y las alegorías olvidadas. Y si es cierto, como dice en su auto entrevista, que uno de sus mayores deseos es ver publicada su poesía completa, pues manos a la obra. Los poetas no se dan por vencidos. Todavía le queda mucha andadura. Y el «acabamiento» es solo una estación de la vida. Como decir, primavera, verano y otoño. O invierno, que es la última de ellas.

Armando Álvarez Bravo (La Habana, 1938) es, además de poeta, crítico literario y de arte, ensayista, narrador, profesor, editor y periodista. Miembro de número de la Academia Cubana de la Lengua. Fundador y ex presidente del PEN Club de Escritores Cubanos en el Exilio, y autor de más de cuarenta volúmenes de diversos géneros. Falleció en Miami el 22 de abril de 2019.

FÉLIX ANESIO

EL OJO DE LA GAVIOTA
–Entre lo cotidiano y lo trascendental–

Antes de que la poesía cayera en desuso, hubo un tiempo en que los poetas eran figuras claves en el panorama de la literatura contemporánea de sus países: Darío, Vallejo, Borges, Huidobro, Parra, Benedetti y Gelman, por solo mencionar unos pocos. Eran casi dioses: se paseaban por el continente, estaban siempre en el centro de los debates estéticos del momento y con frecuencia eran invitados a foros, conferencias y simposios; sobre todo a los que se celebraban en París, Madrid y Buenos Aires. Algunos hasta obtuvieron un Nobel: Gabriela Mistral, Pablo Neruda y Octavio Paz. Aquella fue, sin duda, una época feliz para los bardos; también para la literatura en general. Pero, desafortunadamente, eso cambió: ya los poetas –desaparecidas sus aureolas– no son figuras claves; no hay congresos internacionales de poesía a los que asistir y Oslo no es más que un improbable destino europeo.

Ahora los poetas, después de haber sido ninguneados por las editoriales importantes y de ver cómo sus libros eran sustituidos por las novelas históricas y las sagas de porno para mamás, se han visto obligados a encontrar nuevos foros. Muchos han creado sus propios blogs; algunos, los más jóvenes, diseminan sus versos a través de la red: *tuits*, *hastags* y *Youtube*. Otros, como el cubano Félix Anesio, desafiando pronósticos y estadísticas, no se dan por vencidos (porque «los poetas no viven para escribir, escriben para vivir») y nos siguen entregando pequeñas joyas poéticas, como *El ojo de la gaviota* (Betania, 2016), una excelente colección de poemas que, con prólogo de Lina de Feria, acaba de salir al mercado.

El ojo de la gaviota es un libro marcado por las vivencias del autor. Algunas son fugaces imágenes atrapadas en la lírica cotidianeidad de una urbe sin alma, como la que aparece en el poema *Visión de una vieja en harapos*: «Bástale haber hallado un pedazo de papel mugroso/ y una pluma abandonada en un basurero/ como si fueran un tesoro: el espejo de una fuente/ de la que han de brotar su versos desmedidos/ su poema vital que quizás nadie entienda.» Otras son más personales, como el súbito recuerdo paterno que el vuelo de un ave le provoca en *Destellos*: «He vuelto a ver los ojos de mi padre. / La gaviota gira en círculos concéntricos/ en derredor nuestro, como si fuéramos el sol/ como si fuéramos la felicidad. / He visto un destello de emoción en su pupila gualda. / Y antes que se marcha a otro sitio me pregunto: ¿Por qué me miras, gaviota, con los ojos tristes de mi padre?» En el titulado *Sucesión y límite*, signado por la angustia que le deja la inesperada muerte de un amigo, aflora la desesperanza: «Un libro que se cierra como un golpe en la sombra/ otro que se abre/ y esta finita sucesión de versos/ fluir de realidades declarando/ que todo acontece dentro de los límites de un reloj inescrutable.»

Pero no todos los poemas son vivenciales. Hay varios en los que es posible adivinar cierta perplejidad existencial, como en el casi haikú titulado *Efímero*: «Todo es efímero/ banal, pérdida, ausencia. / El hombre nunca será flor radiante/ nunca cielo/ nunca estrella.»

El ojo de la gaviota es un poemario muy logrado. Sus versos, aunque íntimos y sencillos, poseen universalidad. Su lenguaje, dotado de una singular fuerza poética, se desplaza a través de sutiles metáforas que, sin forzar las semejanzas, alcanzan una gran visualidad. Aquí no hay rebuscamientos lingüísticos; por eso sus imágenes, revestidas de un depurado lenguaje literario, llegan al lector con tanta transparencia. Un excelente poemario, dueño de una lírica sensitiva y sabia que se balancea, armónicamente, entre la levedad de lo cotidiano y la profundidad de lo trascendental.

Félix Anesio nació en Guantánamo, Cuba, en 1950. Ha publicado los libros de relatos Crónicas aldeanas *y* A tale of Two Villages. *Sus cuentos y poemas han sido publicados en diferentes revistas literarias. En 2013 publicó su poemario* La cosecha. *Actualmente reside en la ciudad de Miami y está escribiendo na novela.*

JOSÉ AZEL

REFLEXIONES SOBRE LA LIBERTAD
–Un compendio de lúcidos artículos periodísticos–

Los artículos periodísticos del profesor José Azel, tanto los escritos en inglés como en español, han estado apareciendo desde hace ya algunos años en diferentes publicaciones, tales como El Nuevo Herald, Miami Herald, PanAm Post, The Wall Street Journal y World Affairs Journal. En la mayoría de ellos, el tema principal ha sido el de la libertad: la política, raíz de la soberanía de los pueblos; la religiosa, derecho inalienable del hombre de escoger el culto que desee; y la económica, reconocida como la capacidad de prosperar a través de su libre ejercicio. En otros, no menos enjundiosos e importantes, Azel se ha ocupado de reflexionar también sobre política exterior y sobre Cuba y su futuro.

Cuando decidió reunirlos y publicar con ellos un libro, descubrió que eran más de los que recordaba. Así que, primero, debió seleccionar los que aparecerían en el mismo. Su segundo descubrimiento fue que, aunque tenían una cierta homogeneidad estilística y estaban escritos reflejando los valores del liberalismo clásico que conforman sus convicciones, necesitaban ser estructurados por categorías para que tuviesen un orden, si no cronológico, al menos temático.

Fue así como de aquellas columnas periodísticas nació *Reflexiones sobre la libertad* (Alexandria Library, 2017), un abarcador libro en el que las mejores de ellas aparecen agrupadas en seis secciones. En la primera, titulada *Reflexiones sobre la libertad individual*, se recogen diecisiete artículos que van desde el origen de los derechos humanos hasta los de propiedad, pasando también por la visita del Papa Francisco a Cuba, sobre la cual dice lo siguiente: «En septiembre de 2016 tuvo la oportunidad de poner inequívocamente a la Iglesia al lado del pueblo; pero no lo hizo».

En la sección titulada *Reflexiones sobre política exterior*, uno de los artículos trata sobre la influencia de Irán en América Latina: «En el centro de ella se encuentra una peculiar relación trilateral con Cuba y Venezuela». Más adelante, en uno de los artículos de la sección *Reflexiones sobre la política pública*, escribe: «La propuesta para extender los beneficios de desempleo a 112 semanas esquiva preguntarse si más es mejor siempre». Y en *Reflexiones sobre la política y encuestas*, analiza los resultados de la realizada en 2014 por el Centro Latinoamericano Adrianne Arsh, del Atlantic Council, sobre los cambios de política de Estados Unidos hacia Cuba: «Esta encuesta lo que hace es igualar el deseo de establecer una política más efectiva con el apoyo a la política actual sin pretender concesiones de la otra parte».

Las últimas dos secciones, quizás las más importantes del libro, son *Reflexiones sobre Cuba* y *Reflexiones sobre la política EE.UU.–Cuba*. Por su diversidad y extensión, es imposible enumerar todos los artículos contenidos en las mismas. Basta señalar algunos de sus títulos. De la primera escojo estos*: ¿Por qué algunos pueblos no se rebelan contra las tiranías? Poscomunismo no es pre democracia*; *Manual de la perfecta transición cubana*. Y de la segunda, estos: *Lecciones de historia para los arquitectos de la nueva política de EE.UU. hacia Cuba*; *El turismo americano no minará el régimen de Castro. Visita del presidente Obama a la «pérfida Cuba»*

Reflexiones sobre la libertad es un libro cuya intención, como explica el autor en su introducción, es que «las futuras generaciones puedan percibir la angustia por la libertad de una generación de cubanos –la de Bahía de Cochinos, de los alzados en las montañas del Escambray, del éxodo de Pedro Pan y de la guerra de Vietnam– que luchó valientemente defendiendo la libertad de su patria adoptada y la de su lugar de nacimiento».

José Azel salió de cuba en 1961 con 13 años de edad a través de la Operación Pedro Pan. Posee una Licenciatura y una Maestría en Administración Empresarial y un doctorado (PhD) en Asuntos Internacionales por la Universidad de Miami. Es Investigador Académico del Instituto para Estudios Cubanos y Cubano-Americanos.

MANUEL BALLAGAS

MALAS LENGUAS
–Fantasías, vivencias y rencores–

El cuento, como género literario, además de ser uno de los más antiguos, es también uno de los más difíciles. Sus problemas técnicos –deben ser los mismos desde el medioevo– son muchos. Vale la pena señalar algunos: brevedad de las descripciones, ausencia de tramas secundarias y pocos personajes. Sin embargo, a pesar de sus dificultades, muchos autores han comenzado sus carreras escribiéndolos. Hasta los consagrados, como García Márquez, que publicó en 1947 *La tercera resignación*, su primer cuento; o como Vargas Llosa, que lo hizo en 1956 con un relato titulado *El abuelo*. En realidad, casi todos los escritores han comenzado así: cuentos primeros, novelas después. Sólo unos pocos –quizás por temor a sus complejidades– lo han hecho al revés. Uno de ellos es Manuel Ballagas, quien después de haber escrito las novelas, *Descansa cuando te mueras* y *Pájaro de cuenta*, acaba de publicar *Malas lenguas*, un estupendo libro de cuentos.

Son trece relatos –y otras tantas intercaladas viñetas– con una marcada homogeneidad temática y un evidente trasfondo biográfico. En el primero de ellos, que da título al libro, un funcionario cubano deserta en una capital europea. Su fuga desata entre sus amistades y colegas toda clase de rumores: las «malas lenguas» dijeron que primero fue un vendedor de cigarrillos de contrabando en las calles de Madrid; después, un millonario que vivía en Coral Gables; y por último, un agente de la CIA. «No le olvidaron, pero le convirtieron a veces en un cómico personaje de leyenda». Treinta años después regresa a la isla y en el vestíbulo de la «sede del gremio de escritores y artistas que solía frecuentar antes de su fuga», alguien lo reconoce y «en cuestión de minutos se halla sentado a la mesa con un grupo de viejos conocidos a quienes convida a beber y comer bocadillos. Ninguno le pregunta por aquellas andanzas suyas. Se limitan a escucharle, embelesados, mientras les cuenta que después de trabajar muchos años en un periódico mediocre y aburrido, se retiró al fin, y ahora vive y escribe tranquilamente una novela en un aletargado pueblecito de la Florida».

La mayoría de los cuentos que siguen, a pesar de su aparente cotidianidad urbana, están escritos en un tono que se balancea entre lo fantástico y lo absurdo, como en el titulado *La máscara*, en el que un hombre viaja a Cuba y regresa transformado (sin que supiese cómo) en una mujer. O como en *El carángano*, que adquiere reminiscencias kafkianas cuando un exiliado se echa a dormir en Miami y despierta (sí, convertido en un insecto) en La Habana. Pero no todos están enmarcados en lo fantasmagórico; hay otros más realistas que lidian, al decir del propio Ballagas, con «venganzas, suplicatorias y testamentos», como los titulados *El huérfano, Dichosos los ojos* y *Última voluntad*.

Los relatos de *Malas lenguas*, tanto los de corte fantástico como los vivenciales, están escritos con una prosa ágil y moderna que, aunque directa y sin adjetivos innecesarios, está repleta de detalles. Sin embargo, a pesar de su aparente ligereza argumental, en algunos de los textos es posible adivinar, oculto entre el humor y la ironía, un extenso abanico de malos recuerdos y una larga nómina de antiguos rencores. Los mismos que también se advierten en las magníficas trece viñetas que aparecen, como líricos comodines en cursivas, entre relato y relato. Al margen de la calidad de los cuentos, quizás sean estas conmovedoras viñetas, evidentemente basadas en sus experiencias como prisionero político, las más logradas del libro. Quizás también sean las más poéticas: «Al preso que duerme no se le despierte. Dicen que porque cuando sueña le viene, como un ángel, la libertad. Sueña y parte, se eleva el reo que duerme si nadie lo perturba. Abandona la cárcel de su cuerpo vencido y conquista su alma un raro cielo sin nubes».

Manuel Ballagas nació en La Habana, Cuba, en 1948. Formó parte del consejo de dirección de las Ediciones El Puente hasta su clausura en 1965. Trabajó como crítico de cine en la radio cubana, siendo arrestado y enviado a prisión por motivos políticos en 1973. Vive desde 1980 en Estados Unidos, donde ha ejercido el periodismo en medios como The Wall Street Journal, The Miami Herald y The Tampa Tribune. Actualmente se desempeña como traductor y relacionista público. Es hijo del poeta cubano Emilio Ballagas.

ALFREDO BALLESTER

HEMINGWAY Y LOS MUCHACHOS DEL BARRIO
–Lecciones de vida–

Cuando Alfredo Ballester, entonces de 10 años de edad, brincó junto a dos de sus amigos la cerca de la finca Vigía para robar mangos, no sabía que su dueño era Ernest Hemingway. No lo supo tampoco cuando desde lo alto del árbol al que había subido vio venir a un hombre de barba blanca con un palo en la mano. A Hemingway, que tenía en su biblioteca las obras completas de Mark Twain, la escena debió parecerle salida de *Las aventuras de Tom Sawyer*: unos niños que, como Tom y su amigo Huckleberry Finn, se escapan de la escuela para hacer travesuras y son sorprendidos mientras las realizan. Solo que el escenario, en lugar del río Mississippi, era el poblado de San Francisco de Paula, en las afueras de La Habana, donde se encontraba la finca en la que el escritor vivió durante más de dos décadas. Es a partir de esta anécdota que, sesenta años después, el escritor cubano Alfredo Ballester ha escrito *Ernest Hemingway y los muchachos del barrio* (Publicaciones Entre Líneas, 2016) un híbrido literario a caballo entre la novela de iniciación, el ensayo y la memoria.

Hemingway, desde luego, no los golpeó con el palo; lo que hizo fue darles una lección. Después de ordenarles bajar de los árboles con un gesto de la mano y un probable grito de «*come down right now*», los conminó a recoger todos los mangos que habían lanzado desde los árboles al césped. Sin embargo, les permitió llevarse algunos. No sin antes pedirles que no volvieran a brincar el muro; si querían regresar, les dijo, podrían hacerlo; pero tendrían que entrar por la puerta principal de la finca. Y así lo hicieron; muchas veces. En una de ellas, mientras caminaban desde el portón hacia donde estaban los árboles de mango, sintieron la voz del «americano» – como ya habían comenzado a decirle– que los llamaba desde el merendero: «Él estaba leyendo, posiblemente una revista, recostado en un reclinable de madera. Vestía un short, camisa de mangas cortas y una gorra». Después de preguntarles, a veces en español y otras en inglés, sus edades y grados escolares, les permitió otra vez llevarse todos los mangos que quisieran.

Las visitas a la finca se sucedieron y Ballester las narra en el libro intercaladas con información sobre Hemingway (sus libros, premios y leyendas), sobre la finca (comprada en 1940 por Martha Gellhorn, su tercera esposa, porque no soportaba vivir en el hotel Ambos Mundos) y sobre su propio aprendizaje de la vida (pérdida de la inocencia incluida) en el tránsito de la niñez hacia la temprana juventud, donde descubre la naturaleza, el primer amor, las injusticias sociales y, a través de su padre, el sentido del deber.

La tercera parte del libro está compuesta de testimonios, entrevistas, notas de prensa, anécdotas personales, citas de Hemingway sobre distintos temas y una impresionante colección de fotografías. Algunas de ellas ya vistas, como las de sus estatuas en Cojímar y en el bar Floridita; y las de la Iglesia de la Caridad del Cobre, donde se encuentra guardada la medalla de oro del Premio Nobel y que Hemingway donó a la Iglesia Católica de Cuba. Otras, aunque no inéditas, sí menos divulgadas, como las de Hemingway junto a Gary Cooper en el Floridita durante una fiesta de fin de año en 1951; en el mostrador del restaurante La Terraza, conversando con Gregorio Fuentes, el patrón de su yate *Pilar*; y presenciando una pelea de gallos finos junto a René Villarreal, el mayordomo de la finca.

Ernest Hemingway y los muchachos del barrio es uno de esos libros que se deja leer. La prosa de Ballester, directa y sin palabras rebuscadas, facilita la lectura. Su estructura también ayuda: la primera parte es una recreación, a través de los ojos de un niño, de la Cuba de finales de los años cincuenta, en la que se nombran lugares, situaciones personales y momentos históricos. Como abrir un olvidado baúl de recuerdos y regresar al pasado. Y todo en el marco de los casuales encuentros de un grupo de muchachos cubanos con un famoso escritor americano que no solo les regalaba los mangos de su finca, sino que también les ofrecía valiosas lecciones sobre cómo enfrentar los desafíos de la vida.

Alfredo Ballester es un escritor cubano radicado en Miami. Ha publicado los libros Memorias de Abecedario, Entre el amor y la amistad *y* Adiós amor, volveré a ti. *Es miembro del Partido del Pueblo Cubano Ortodoxo y miembro de la Academia de la Historia de Cuba en el Exilio.*

RAMÓN BARQUÍN

Mis diálogos con Fidel, Raúl, Camilo y el Che
–Conversaciones históricas–

En el prólogo de su libro, *Mis diálogos con Fidel, Raúl, Camilo y el Che* (Ediciones Santillana, 2009), el coronel Ramón Barquín preguntaba: «¿Por qué escribo estos diálogos ahora?» Para enseguida contestar: «Porque, a mis casi noventa y cuatro años, creo que ya es tiempo». Y, en efecto, lo era. Apenas tres semanas después de haber terminado su manuscrito, este honorable militar cubano fallecía en Guaynabo, Puerto Rico, todavía añorando su querida patria. Fueron su hijo y su nieto, reconociendo la importancia histórica de esos escritos, quienes se dieron a la tarea de publicarlos.

Y es bueno que lo hayan hecho. El coronel Ramón Barquín fue una de las más importantes figuras de la Cuba contemporánea y un testigo de excepción de los hechos que ocurrieron durante los primeros meses de la revolución cubana.

El coronel Ramón Barquín López fue un militar de carrera que ingresó en el Ejército de Cuba en 1933, y se graduó como oficial de la Escuela de Cadetes, en 1940. Después estudió en la Escuela Superior de Guerra, en México, y realizó numerosos estudios militares en Estados Unidos. Fue, además, agregado militar de Cuba en Washington y su delegado en la Junta Interamericana de Defensa. Hasta que, después del Golpe de Estado de 1952, sus principios democráticos lo llevaron a participar en una conspiración para derrocar el gobierno de Fulgencio Batista. Fue condenado a ocho años de prisión y recluido en el Presidio de Isla de Pinos, donde el primero de enero de 1959, lo sorprendió la huida de Batista y el triunfo de la revolución.

Mis diálogos con Fidel es un valioso libro en el que no solo se dan a conocer las conversaciones que Barquín sostuvo en aquellos primeros meses del triunfo de la revolución con sus principales dirigentes, sino que a manera de antecedente, se describen los acontecimientos históricos que precedieron todo el proceso revolucionario.

Barquín comienza relatando el proceso electoral de 1952 en el que los candidatos eran, Roberto Agramonte, por el Partido Ortodoxo, Carlos Hevia, por el Partido Auténtico y Fulgencio Batista, por el Partido Acción Unitaria. Agramonte llevaba la ventaja en las encuestas, seguido por Hevia, mientras Batista aparecía en un distante tercer lugar. Fue entonces que, a solo ocho días de las elecciones, se produjo el Golpe de Estado.

El libro continúa con los preparativos de la conspiración. Y Barquín los va relatando de una manera que, aunque sucinta, no escatima en detalles. Por la parte civil, Justo Carrillo, uno de los conspiradores, sumó al movimiento a los profesores universitarios Felipe Pazos y José Miró Cardona, mientras que Barquín logró movilizar a un grupo de oficiales jóvenes entre los que se encontraban, Enrique Borbonet, Manuel Varela, Tomás Cabaña, José Orihuela, Secundino León, Gabino Rodríguez, Manuel Villafaña y José Ramón Fernández.

Así mismo, relata las reuniones que se celebraban en su casa de Tarará y los acuerdos de los conjurados, hasta terminar con la delación que los condujo a todos a la cárcel.

De la Circular número cuatro del Presidio de Isla de Pinos, donde cumplía su condena, Barquín voló al campamento de Columbia, en La Habana. El general Cantillo había intentado infructuosamente crear un gobierno provisional encabezado por el Magistrado del Tribunal Supremo, Manuel Piedra, y había ordenado el cierre de todas las operaciones militares «para devolver al país a la paz y a la concordia».

A este llamado, Fidel Castro contestó con la consigna «revolución sí, golpe de estado no», y decretó una huelga general revolucionaria que paralizó toda la isla. Fue en esas circunstancias bajo las cuales Barquín se hizo cargo de la situación. Cuando las columnas rebeldes avanzaban desde Las Villas, instruyó a Borbonet y a Varela para que salieran a recibir a Camilo y al Che antes de que llegaran a La Habana. Así, Varela acompañó al Che a La Cabaña, y Borbonet llevó a Camilo hasta el Estado Mayor, en Columbia, donde Barquín lo recibió.

Es a partir de este momento que se produjeron todos los diálogos que Barquín reproduce en el libro -utilizando notas que previsoramente tomó- y que son, según su opinión, los que mejor reflejan las preocupaciones y problemas de aquellos primeros meses de 1959. Es imposible, por su extensión, reproducirlos; ni siquiera una parte de ellos. Hay que leerlos en su totalidad para comprender las diferencias que existían entre estos tres hombres.

Barquín finaliza su libro como lo comenzó; con una pregunta: «¿Qué reflexiones pudiera tener sobre mi actuación en aquellos momentos y sobre mis charlas con Fidel, Raúl, Camilo y el Che?». Para contestar también enseguida: «Si hubiese sabido entonces lo que sé ahora -las monstruosidades que iban a cometer algunos de esos personajes en nombre de la revolución- hubiese hecho todo lo posible por evitarlo».

Ramón Barquín fue un militar cubano. Fue el líder del intento de Golpe de Estado de 1956 que pretendía sacar a Fulgencio Batista del poder. La conspiración fue descubierta y Barquín, junto a otros complotados, resultó sancionado a ocho años de cárcel que comenzó a cumplir en el Presidio Modelo de Isla de Pinos. En enero de 1959 voló de Isla de Pinos a La Habana para tomar el mando de las fuerzas militares en el campamento de Columbia, convirtiéndose en el presidente de facto de la República de Cuba. En octubre de 1960 marchó al exilio, donde escribió Las luchas guerrilleras en Cuba: de la colonia a la Sierra Maestra. Murió el 3 de marzo de 2008 en Puerto Rico.

JUAN F. BENEMELIS

EL MIEDO AL NEGRO
–Un profundo análisis del racismo en Cuba–

Las definiciones fijan con claridad y precisión el significado de una palabra. Son, en esencia, abreviación y resumen. El más complejo de los conceptos puede quedar atrapado en una corta oración de sonoridad casi perfecta. El racismo, por ejemplo, es descrito así en los diccionarios: «Una teoría que sostiene la preeminencia de ciertas razas sobre otras». Una enciclopedia quizás lo defina como «la exacerbación o defensa del sentido racial de un grupo étnico, especialmente cuando convive con un grupo u otros».

Estos compendios, desde luego, son insuficientes para poder comprender la magnitud, no solo del problema del racismo, sino también el de la discriminación, su consecuencia más inmediata. Para que esos fenómenos, como ideologías del odio, puedan ser entendidos, se necesitan libros como el que acaba de publicar Juan F. Benemelis, titulado –aduciendo tal vez al efecto que provocó la Revolución Haitiana de 1791– , *El miedo al negro* (ZC Editores, 2011), en el que no solo analiza el racismo en Cuba, sino también, por extensión, en todo el mundo.

El voluminoso libro –son más de 500 páginas– está estructurado en 38 capítulos, con una introducción («Pienso que la mayor injusticia del mundo moderno ha sido las arbitrariedades de género y de raza»), una sección de notas y una bibliografía, además de un amplio material fotográfico en el que aparecen desde Charles Darwin, cuya teoría de la evolución de las especies sirvió de fundamento para la supremacía blanca y el nazismo, y Arthur de Gobienau, aristócrata francés y autor de la teoría de la superioridad del blanco europeo, hasta –ya en el ámbito cubano– Fernando Ortiz, quien aplicó las ideas de Lombroso al negro cubano calificándolo como hampón, y Jorge Mañach, uno de los fundadores del racista partido ABC que atacaba a los negros por apoyar al presidente Gerardo Machado.

En esa misma galería aparecen también ilustres cubanos negros, como Juan Gualberto Gómez, fundador de la nación cubana y defensor de los derechos del negro; Marino Barreto, músico, periodista y organizador de las llamadas «sociedades de color»; y Generoso Santos Marquetti, el último de los generales negros del ejército mambí, quien abandonó Cuba en 1959 acusando de racista a Fidel Castro.

Pero las imágenes, aunque numerosas y representativas, es lo menos importante del libro. Lo verdaderamente valioso es la profundidad con la que están analizados los orígenes del racismo (sobre todo en la Cuba de antes y en la de ahora) desde un punto de vista que, aunque académico en forma y contenido, es comprensible –sin dejar de ser analítico– para un lector promedio con deseos de aprender. Benemelis lo abarca todo. Los capítulos, desde el primero, en el que aborda el concepto de raza y la xenofobia («La historia de la discriminación racial se intenta justificar con argumentos llamados científicos»), hasta el último, titulado *El negro «en su sitio»* («No es cierto que el triunfo revolucionario de 1959 implicó una reedificación de la identidad cubana como parte de su proyecto político y social»), pasando por el llamado *Los teóricos cubanos* («El racismo subrepticio, enmascarado, metamorfoseado que existe en Cuba hoy se utiliza para mantener a la élite blanca con total poder y control sobre la sociedad»), y pasando también por el que analiza el racismo en la República («Antes de la conquista del poder por Fidel Castro en enero de 1959, el racismo era en Cuba solapado pero tenaz»).

En general, todos los capítulos son extensos y enjundiosos. Y es que Benemelis no teme, cuando es necesario, esgrimir conceptos sustentados por la filosofía, la sociología y la antropología, aunque estos recarguen el texto.

El miedo al negro es un libro que, aunque de contenido científico, fue escrito con un tono de comedido academicismo. Erudito pero accesible. Valioso porque desmantela de una manera contundente las falacias en las que se sustenta la llamada «supremacía blanca». Y valiente porque no teme –en el caso del racismo cubano– llamar las cosas por su nombre.

Juan F. Benemelis es un prolífico investigador y escritor. Ha escrito libros sobre temas de historia, ciencia, filosofía y política. Es autor, entre otros, de los siguientes títulos: Islam y terrorismo; Fin de una utopía: la mitología y el mesianismo marxista; Las guerras secretas de Fidel Castro; El ocaso del régimen que destruyó a Cuba; Los fuegos fatuos de la nación y Castro: subversión y terrorismo en África.

HUGO BLANCO

LO QUE NO DIJISTE A TU PADRE
–Una aleccionadora novela–

En sus inicios, tanto en el mundo griego como en el romano, la novela era casi monotemática: o se ocupaban del amor o de los viajes a lugares remotos. Con el tiempo, comenzó a diversificarse. Todavía hoy día los académicos siguen descubriendo diferentes formas y acuñando nuevos términos. Es por eso que la lista parece no tener fin. ¿Cuántos tipos de novelas existen? Muchas. Por su tono, las hay satíricas, humorística y didácticas; por su forma, autobiográficas, epistolares y dialogadas; por su contenido, pueden ser de aventuras, caballerescas, de ciencia ficción, históricas, negras, costumbristas, eróticas, de iniciación, policiales, de terror, costumbristas y románticas; por su estilo, pueden ser consideradas como realistas, naturalistas o existenciales; y en base a su argumento, están también las psicológicas, que enfatizan la caracterización interna de sus personajes y la descripción de sus estados de ánimo.

Y es precisamente en esta última categoría en la que se enmarca, *Lo que no dijiste a tu padre* (Alexandria, 2012), la más reciente novela del escritor cubano Hugo Blanco. No es la primera vez que Blanco escoge este género. En *Vivencias*, su anterior libro, el tema era el tránsito de la adolescencia a la adultez en el marco, primero, del descubrimiento de la sexualidad, y después, en el del matrimonio y el adulterio.

En esta ocasión, Blanco sitúa su trama en la falta de comunicación entre padres e hijos, y lo hace a través de un recurso literario ingenioso: un padre sufre una hemorragia cerebral y yace en estado de coma en un hospital. Sin embargo, puede escuchar todo lo que sus hijos hablan de él. Y puede, también, recordarlo todo. Así, el personaje principal, Jorge, mientras trata de encontrarle una explicación a la extraña situación en que se encuentra, comienza a rememorar su vida: desde su niñez y adolescencia en Cuba, hasta su salida hacia los Estados Unidos y el comienzo de una nueva etapa con esposa e hijos en la que, por supuesto, no faltan los conflictos familiares.

La trama avanza en tres planos diferentes: el tiempo actual en que transcurren los hechos (la estancia en el hospital, la presencia casi permanente de María, la esposa de Jorge, y las visitas de Luis, Diana y Enriquito, los hijos); los recuerdos de Jorge que a manera de *flashbacks* van reconstruyendo su vida pasada; y una especie de diario en el que se van contando las cosas que ocurren durante la permanencia del padre en el hospital.

Esta eficaz técnica narrativa le permite a Blanco reflexionar sobre las relaciones entre padres e hijos, aportar ejemplos que avalen sus conclusiones y de paso, mediante la inclusión de escenas dramatizadas, evitar un innecesario tono ensayístico en el texto. Es así cómo, de esta amalgama de puntos de vista, va emergiendo una historia de gran complejidad sicológica en la que es posible descubrir, oculta en la cotidianeidad de sus existencias, los esfuerzos de una familia por sacar adelante a sus hijos. Una tarea difícil, no exenta de amargos desencuentros.

Lo que no dijiste a tu padre no es uno de esos manuales de autoayuda sobre las relaciones de familia escrito por algún sicólogo famoso; es un libro de ficción. Sin embargo, a pesar de su condición de novela, hay momentos en que sus escenas son tan reales que, sin proponérselo, se convierten en provechosas enseñanzas. Y es que los problemas de familia son los mismos siempre; una cierta universalidad los convierte en comunes: la falta de tiempo para dedicárselo a los hijos; poca confianza y comunicación; períodos de rebelión durante la adolescencia; y la ausencia de rituales compartidos por culpa de un creciente abismo generacional que se acentúa por las nuevas tecnologías. Problemas que a veces los padres, a pesar de sus esfuerzos, no logran solucionar. Ni en la vida real ni en la ficción.

Lo que no dijiste a tu padre es una conmovedora novela que reflexiona con honestidad sobre un tema universal. No importa el contexto en que haya sido escrita. Todos los padres del mundo pueden identificarse con ella. Y es que está escrita con el corazón. El corazón de un padre que nunca, ni aun en los peores momentos, dejó de serlo.

Hugo Blanco nació en La Habana, Cuba en 1942. Es ingeniero electricista y fue preso político. Reside en Miami. En el año 2010 publicó su primera novela, Vivencias, *de corte sicológico. Ha escrito otras tres novelas:* Un padre es muchos padres, Egoísmo, Convergencias *y* Puente entre dos tiempos.

REINALDO BRAGADO BRETAÑA

LA NOCHE VIGILADA
–Trágico rosario de sueños rotos–

La Editorial Bilingual Press, de la Universidad Estatal de Arizona, acaba de publicar la novela, *La noche vigilada*, del escritor cubano exiliado Reinaldo Bragado Bretaña. La obra, que narra precisamente la historia de un escritor disidente cubano, se presenta esta mañana en la Feria Internacional del Libro de Miami. Y es bueno que así sea. La literatura del exilio debe continuar ese reconocimiento internacional que, a partir del éxito de Zoé Valdés y Daína Chaviano, ha estado alcanzando.

La noche vigilada es el retrato de una juventud desilusionada cuyos ideales fueron desapareciendo a medida que el régimen mostraba su falacia y aumentaba la represión contra ellos. Es también un trágico rosario de sueños rotos y esperanzas perdidas. Muchos de la generación de Bragado se reconocerán en este libro; sobre todo en las páginas que describen La Habana de los años setenta y ochenta; otros lo harán en las que describen el Miami de los noventa.

Y es que Bragado estructura su novela en dos partes –La Habana y Miami– y aprovecha la primera de ellas para dar comienzo a la historia y para suministrar al lector información sobre los personajes y sobre la situación política del país. Pero antes de hacerlo nos presenta la ciudad y sus noches: «La Habana, a pesar de la dictadura, es una ciudad hermosa, sobre todo de noche. Yo acostumbro a salir después de las diez, cuando el calor se calma un poco –nunca del todo, maldición o beneficio isleño– y las calles están más vacías, con esporádicos noctámbulos».

La historia es narrada en primera persona por Alberto, el personaje principal, un escritor disidente recién salido de la prisión que conoce a tres jóvenes –Johnny, Raúl y Lourdes– con los cuales escapará del país en una balsa. Johnny es una especie de poeta maldito en tiempos de período especial. Raúl es un novelista pusilánime que carga el manuscrito de su novela a todas partes y Lourdes es la adicta sacerdotisa del trío.

A partir de ese encuentro, las escenas se suceden con vertiginosidad cinematográfica. Alberto los ayuda a eludir una recogida policial en la Plaza de la Catedral y los conduce, a través de los adoquinados callejones de La Haban Vieja, hasta su casa, donde les ofrece refugio. Después de acuesta con Lourdes y sin darse cuenta, todavía acarreando en los riñones el cansancio de un amor post institucional y apresurado, se ve encaramado en una balsa rumbo a Estados Unidos.

El primero en morir, devorado por los tiburones cuando se lanzó enloquecido al mar, fue Raúl. Doce días después murió Johnny deshidratado junto a sus sueños de poeta. A Cayo Hueso solo llegaron, inconscientes, Lourdes y Alberto. Ella, con un pequeño secreto a cuestas; él, con el incompleto manuscrito de la novela por la que fue a la cárcel.

La segunda parte comienza con Alberto describiendo su nueva ciudad. Después se ocupa de relatar, con la minuciosidad del deslumbramiento inicial, sus impresiones de exiliado reciente. Todo es nuevo para ellos y las comparaciones son inevitables. Lourdes localiza a unos amigos y las cosas se complican. La historia termina de una manera inesperada.

La noche vigilada es un libro que se aparta por completo de los rasgos estilísticos que han caracterizado a las últimas novelas cubanas escritas en el exilio. Es decir, no hay casi sexo y las malas palabras son de salón. Lo que más abunda son las referencias literarias: los fantasmas de Lezama, Virgilio y Arenas parecen deambular entre capítulos. Sus escenas están escritas con la precisión fílmica de quien solo pretende contar una historia.

Sin embargo, el libro no está exento de introspección sicológica. Las observaciones de Bragado, agudas e irónicas, sobre cuestiones como la democracia y la libertad en Cuba, son el telón de fondo de la novela. Eso hace que el texto adquiera un cierto tono didáctico. Pero las explicaciones no son gratuitas; en el contexto cubano todo necesita ser explicado. Sobre todo si va a ser leído por personas ajenas a la realidad de ese manicomio insular en que se ha convertido Cuba.

La noche vigilada es una novela que refleja, más que todo, la desesperanza del pueblo cubano. Es también una obra de reflexión crítica que aborda, sin eufemismos, nuestra tragedia nacional. Y es, por sobre todas las cosas, una contundente denuncia del terror estatal cubano.

Reinaldo Bragado Bretaña (La Habana, Cuba). Narrador y poeta. Licenciado en Historia de la Universidad de La Habana.

Posee una extensa obra que por razones políticas fue censurada en su país. Formó parte del Comité Cubano por los Derechos Humanos, fundando la rama cultural de dicha institución, donde reunió a intelectuales y artistas marginados. Cumplió dos años de prisión por intentar abandonar Cuba en una balsa. Reside en Miami desde 1988. Ha publicado las novelas La estación equivocada y La muerte sin remitente y los libros de cuentos Bajo el sombrero y En torno al cero, ambos en 1994. Fue columnista semanal de Diario Las Américas. Durante diez años dirigió y moderó un programa radial internacional promoviendo la Declaración Universal de Derechos del Hombre de las Naciones Unidas. Fue comentarista de Radio Martí y Radio Cadena Nacional de Colombia. Falleció en Miami el 27 de junio de 2005.

GUILLERMO CABRERA INFANTE

MAPA DIBUJADO POR UN ESPÍA
–Crónica de un desengaño–

Cuando Guillermo Cabrera Infante murió en 2005, su viuda, Miriam Gómez, comprendiendo la importancia de preservar su legado literario, se dio enseguida a la tarea de poner en orden todos sus escritos. Entre los numerosos textos inéditos que encontró había dos novelas terminadas, *Cuerpos divinos* y *La ninfa inconstante* (que ya fueron publicadas), y un libro (en realidad, un inconcluso *first draft*) que Cabrera Infante escribió en 1973, justo después del colapso nervioso que había sufrido un año antes.

Y es precisamente ese manuscrito el que nos llega ahora, después de haber estado guardado en un sobre durante muchos años, convertido en *Mapa dibujado por un espía* (Galaxia Gutemberg, 2013), el extraordinario relato de los últimos meses que Cabrera Infante permaneció en Cuba antes de salir de ella para siempre.

En 1965, tras el cierre de *Lunes de Revolución*, Guillermo Cabrera Infante fue nombrado agregado cultural en la embajada de Cuba en Bélgica. Allí le llegó la noticia de que su madre estaba gravemente enferma, por lo cual decide viajar a La Habana para verla. Pero a pesar de la premura con la que preparó su regreso, no pudo llegar a tiempo: ya en el aeropuerto de Ámsterdam, esperando para volar a Praga donde tomaría un vuelo de Cubana de Aviación hacia La Habana, le comunican que su madre ha muerto.

Al llegar a la isla, algunos de los amigos que lo esperaban (Carlos Franqui, Harold Gramatges y Sara Calvo), lo llevarían directamente a la funeraria Rivero donde estaba expuesto el cadáver. Una semana después del entierro, cuando todo estaba listo para regresar a Bélgica, justo en el momento de subir al avión, recibe una llamada de Arnold Rodríguez, viceministro de Relaciones Exteriores, quien le dice: «No te puedes embarcar. El doctor Roa quiere verte mañana en el ministerio».

Y es ahí donde realmente comienza la historia. Lo que sigue es una interminable pesadilla donde vemos a Cabrera Infante (aunque su nombre solo se menciona al final del libro), como el Josef K de Kafka, deambulando de una dependencia estatal a otra, tratando de averiguar qué es lo que ha ocurrido. Nadie sabe nada; ni siquiera el ministro, que se niega a recibirlo. Su vida en La Habana se convierte entonces en una rutina de patética irrealidad: camina todas las mañanas desde el apartamento de sus padres en la Avenida de los Presidentes hasta el Ministerio de Relaciones Exteriores en la calle Calzada bajo un sol abrazador y vistiendo el mismo traje y el mismo par de zapatos belgas con los que llegó.

Al regresar a la casa, después de haber visitado también la Unión de Escritores de Cuba (en busca de respuestas que tampoco encuentra), no puede bañarse porque no hay agua; por las tardes duerme la siesta o se sienta en la terraza mirando hacia el mar; después de la comida («Lo siento, arroz amarillo con papas; sé que estás acostumbrado a comer bien, pero es todo lo que hay», le dice su abuela) lo visitan los que eran sus amigos (algunos serían sus enemigos más tarde) en aquella época: Carlos Franqui, Héctor Pedreira, Lisandro Otero, Harold Gramatges, Virgilio Piñera, Oscar Hurtado, Antón Arrufat, Pepe Triana, Jaime Soriano, Calvert Casey, y lo ponen al tanto de todo lo que había estado ocurriendo, como la reciente campaña de persecución a los homosexuales.

Pero Cabrera Infante, convencido de que en el grupo podía haber un delator, no dice nada. Ha comprendido, desengañado, que Cuba ya no era Cuba (ha visto el deterioro físico de la ciudad, el paulatino empobrecimiento de la población, el miedo que se iba apoderando de todos, la falta de libertades, la desesperanza generalizada y la feroz represión a los que se oponían al gobierno) y decide encontrar la forma de escapar de aquella pesadilla y regresar con sus hijas a Bélgica, donde lo esperaba Miriam Gómez.

Mapa dibujado por un espía es un libro que a pesar de haber sido escrito de un tirón (Cabrera Infante siempre quiso revisarlo y nunca lo hizo por falta de tiempo), es estremecedor. Es también, como señala su editor Antoni Munné, «un libro triste y melancólico». Pero ni siquiera porque está escrito de una manera directa (ausentes están su prosa deslumbrante y sus acostumbrados retruécanos lingüísticos), deja de ser un verdadero *page turner*. Y uno no puede dejar de pensar en la gran novela que este testimonio desgarrador pudo haber sido si la vida le hubiese alcanzado para terminarla.

Guillermo Cabrera Infante nació en Gibara, provincia de Oriente, el 22 de abril de 1929 y falleció en Londres el 21 de febrero de 2005. Su obra literaria se inició con el volumen de relatos Así en la paz como en la guerra (1960), al que siguieron, entre otros títulos, la novela Tres tristes tigres, que obtuvo en 1964 el premio Biblioteca Breve, Vista del amanecer en el Trópico (1974), La Habana para un infante difunto (1979). Su obra ensayista comprende Un oficio del siglo XX (1963) Arcadia todas las noches (1978) y Cine o sardina (1997), colecciones de artículos como Exorcismo de esti(l)o (1976) y las reflexiones de tipo políticas Mea Cuba (1992).

EFRÉN CÓRDOVA

50 AÑOS DE REVOLUCIÓN EN CUBA
−Análisis de las mismas lacerantes cuestiones−

Cuando la revolución cubana cumplió diez años en el poder, varios escritores cubanos del exilio se reunieron para evaluar aquel aniversario. El momento parecía propicio para el análisis. La revolución había sobrevivido las primeras conspiraciones, la invasión de Bahía de Cochinos, la Crisis de los Misiles y la lucha en el Escambray. Es decir, parecía invencible. Después, estos escritores −en realidad, profesores universitarios, filósofos, doctores, ingenieros, arquitectos, economistas y religiosos− volvieron a reunirse con motivo de los cuarenta años. Esa vez las circunstancias eran distintas. Había desaparecido la Unión Soviética, el comunismo había fracasado en Europa, Cuba se hundía en las tinieblas del Período Especial y sus ciudadanos escapaban de la isla en balsas. Es decir, la revolución parecía a punto de colapsar.

Ahora, una década después, sin la imagen invencible de los primeros años pero sin acabar de colapsar, con Raúl de presidente, Fidel de periodista supremo y la nación sumida en la desesperanza, muchos de aquellos escritores −y otros que participan por primera vez− vuelven a reunirse para analizar «las mismas lacerantes cuestiones». ¿Se justificaba la revolución? ¿Qué razones podían explicar la destrucción violenta del pasado republicano y el barrido de los valores seculares propios del mundo occidental? ¿Fue la revolución producto de un propósito noble o fue ella inspirada por el objetivo infame de exterminar toda una sociedad odiada por sus propulsores? Esas son las preguntas que aparecen contestadas en el libro *50 años de revolución en Cuba* (Ediciones Universal, 2009), editado por Córdova.

El libro contiene un prefacio del profesor Córdova y 19 capítulos escritos por los participantes. Es imposible enumerarlos todos, pero basta señalar los siguientes como muestra de los distintos temas tratados: *La transfiguración de la economía*, por el economista Jorge A. Sanguinetty; *El declive de la industria azucarera*, por el ingeniero agrónomo Pablo Carreño; *Cuba: energía eléctrica y telecomunicaciones*, del profesor Manuel Cereijo; *El saqueo del patrimonio cubano*, por el doctor Alberto Sánchez de Bustamante; *Los abusos del sistema laboral*, por Efrén Córdova; *Igualdad y privilegio en la revolución de Castro*, por el profesor Juan Clark; *Medicina, higiene y salud*, por el doctor Virgilio Beato; *La religión en Cuba*, del profesor Marcos Antonio Ramos; *Arquitectura y urbanismo*, del arquitecto Nicolás Quintana; *El origen del diferendo*, del ensayista Rafael Rojas; y *Epílogo y resumen, 50 años de revolución a vuelo de pluma*, por Carlos Alberto Montaner.

Otros participantes fueron, José Manuel Hernández, Jorge F. Pérez-López, Rogelio A. de la Torre, Diego Trinidad y Enrique Ros, quienes trataron temas como el caudillismo, las relaciones económicas con los países socialistas, los esfuerzos del gobierno americano por derrocar a Fidel Castro y el apoyo de Cuba a las guerrillas latinoamericanas.

50 años de revolución en Cuba es un libro que no solo aporta la experiencia personal de los autores, sino que utiliza estadísticas económicas publicadas en prestigiosas organizaciones internacionales que no pueden ser consideradas como invenciones de exiliados y porque contrarresta los intentos de la nueva izquierda latinoamericana por legitimizar –siendo el regreso de Cuba a la OEA el más reciente de ellos– a la dictadura castrista.

Es por eso que no importa que se hayan publicado otros libros parecidos. Los que no leyeron aquellos podrán leer este de ahora. Y es que no importa el tiempo transcurrido. Ni cuántos libros haya que escribir.

Estos cubanos buenos seguirán editándolos mientras les alcance la vida. Y cuando ellos no estén, otros los editarán. Aunque haya que titularlo así: *100 años de revolución en Cuba*.

Efrén Córdova es un conocido jurista y escritor cubano. Hasta 1960 fue profesor de Derecho laboral en la Universidad de La Habana. Entre 1961 y 1964 enseñó en la Facultad de Ciencias Sociales de la Universidad de Puerto Rico. Trabajó durante muchos años en la Oficina Internacional del Trabajo en Ginebra, Suiza, en la que se desempeñó como Jefe de la División de Derecho Laboral. En 1985 fue elegido Miembro de Número de la Academia Iberoamericana de Derecho del Trabajo y la Seguridad Social. El profesor Córdova es autor de más de un centenar de publicaciones en materia laboral, incluyendo su libro Relaciones Colectivas del trabajo en América Latina. Entre sus obras publicadas tiene además El trabajador cubano en el estado de obreros y campesinos y El trabajo forzoso en Cuba.

ÁNGEL CUADRA

DIEZ SONETOS OCULTOS.
—Endecasílabos, cuartetos y tercetos—

Siempre he pensado que una de las composiciones poéticas más difíciles es el soneto. No debe ser fácil lograr que en catorce versos endecasílabos en su forma clásica, distribuidos en dos cuartetos y dos tercetos, el primero rime con el cuarto y el segundo con el tercero. Y que, además de todo eso, el primer cuarteto presente el tema y que el segundo lo amplifique; y que el primer terceto reflexione sobre la idea central y que el último, como colofón, sea la expresión de un sentimiento profundo.

El soneto, en fin, debe ser también metafórico en esencia. Podrán parecer sencillos, pero no lo son. Alguien que debe saberlo bien es el poeta cubano Ángel Cuadra, que los escribe desde hace mucho tiempo.

Cuadra es un escritor que se mantiene ocupado. Hace apenas una semana nos envió un ensayo sobre José Martí y ahora nos hace llegar *Diez sonetos ocultos* (Universal, 2000), un hermoso poemario que, como su título indica, pudo haber permanecido inédito, si no hubiese sido por su amigo Carlos Casanova, que lo convenció para que lo publicara.

Los diez sonetos son de amor. De los de antes, casi escritos a destiempo en esta desaforada época de Cyber sex y Porno pics. En uno de ellos dice: "Tengo tanto amor sobre mi vida, / tanto de plenitud, si estoy contigo, / que hasta el amor universal y amigo / acude desde ti. De tan hundida / en mí, en mi ser, te siento contenida / en mi aliento vital. Lates conmigo / en mi pecho. Y apenas si consigo / notarme el alma sin la tuya unida".

Otros poemas, aunque más elaborados, están construidos con el mismo lenguaje diáfano y sensorial del conjunto: "Amiga, en ti anochece la mañana. / Desde ti doy a todo otro sentido. / Por tu recuerdo inclino hacia el olvido/ todo lo que hay en mí de historia vana".

A veces me pregunto: ¿sobrevivirá la poesía? No lo sé. Pero contra toda esperanza, Cuadra sigue haciendo rimar endecasílabos.

Ángel Cuadra es graduado en Derecho en la Universidad de La Habana y en Teatro Universitario. En 1967 fue condenado a 15 años de prisión por el delito de conspiración contra la Seguridad del Estado. Adoptado como prisionero de conciencia por Amnistía Internacional, fue liberado en 1985. Desde entonces radica en Miami. Obtuvo un Master en Estudios Hispánicos por la Universidad de la Florida, donde ejerció durante ocho años como profesor. Ha publicado numerosos libros, entre ellos, Peldaño (Cuba, 1959), Impromptus (Estados Unidos, 1977), Poemas en correspondencia (Estados Unidos, 1979) La voz inevitable (Miami, 1994), Las señales y los sueños (España, 1988) y De los resúmenes y el Tiempo (Miami, 2003).

Participó en la antología traducida al francés y preparada por Zoé Valdés, Censuré à Cuba, (Francia, 2004). Ha recibido numerosos premios, entre ellos Rubén Martínez Villena (Universidad de La Habana, 1954) Amantes de Teruel (España, 1988) y el Premio Martín García Ramos (España, 2003). Fue uno de los fundadores del PEN Club de Escritores Cubanos Exiliados, del cual fue su presidente.

RAÚL EDUARDO CHAO

COLONIAL CUBA
–Cuatro siglos de historia–

Libros sobre la historia de Cuba se han escrito muchos. Pienso en *Historia de la nación cubana*, de Ramiro Guerra; *Cuba: Economía y Sociedad*, de Leví Marrero; y *Cuba/España, España/Cuba*, de Manuel Moreno Fraginals, por sólo citar algunos de los más conocidos. Sin embargo, son pocos los que se han ocupado de la etapa colonial en particular; sobre todo, los escritos en inglés. Y este es el caso de *Colonial Cuba* (Ediciones Universal, 2014), del escritor cubano americano Raúl Eduardo Chao, en el que se analizan, abarcadora y minuciosamente, los cuatros siglos que duró la dominación española.

Este voluminoso estudio de casi seiscientas páginas, que comienza con la Cuba precolombina y termina con la instauración de la República, es el tercero de una suerte de trilogía de la que forman parte *Republican Cuba* y *Exiled Cuba*, publicados anteriormente. Estructurado en siete capítulos que se extienden de una manera cronológica, el libro recoge los episodios más importantes de cada período, así como el desempeño de sus protagonistas.

En el segundo de ellos, que comprende desde el año 1488 hasta el 1506, Cristóbal Colón, después de haber buscado infructuosamente ayuda financiera en las Cortes de Enrique VII de Inglaterra, en las de Carlos VIII de Francia y en las de Juan II de Portugal, decide viajar a Granada donde presencia la ceremonia de rendición de Boabdil, el último de los sultanes árabes, y consigue, al fin, el apoyo de Isabel y Fernando, los Reyes Católicos. La maravillosa aventura americana estaba a punto de comenzar.

Así, el 3 de agosto de 1492 Colón partiría de Palos de Moguer en tres naves y con ochenta y siete hombres quienes, contrariamente a lo que siempre se ha dicho, no eran criminales ni borrachos, sino experimentados marineros de la región de Galicia. Un mes más tarde, el 12 de octubre, desembarcaron en una isla (posiblemente Grand Turk Island) a la que Colón llamó San Salvador. Dos semanas después, el 18, descubrió la isla de Cuba.

En el tercer capítulo, que comprende desde 1506 a 1600, Diego, el hijo de Cristóbal Colón, es nombrado Gobernador de las Indias en sustitución de Nicolás de Ovando, notorio por su crueldad con los nativos y a quien se le atribuye la muerte de la cacique taína Anacaona.

En epígrafe aparte se relata la historia de Fray Bartolomé de las Casas, a quien Chao describe como un hombre lleno de contradicciones: por una parte, protector de los indios taínos; y por la otra, una pieza clave en el comienzo de la esclavitud al apoyar la sustitución de éstos por esclavos africanos.

Así mismo, se relata la fundación de la Villa de San Cristóbal de la Habana, primero en el sur, en la desembocadura del río Mayabeque; después en las orillas del río Casiguaguas, también conocido como Almendares, y finalmente, cuatro años después, en una bahía descubierta por Sebastian de Ocampo en 1507, llamada Carenas y que sería el asentamiento final de La Habana.

Los últimos dos capítulos se ocupan de la declinación del Imperio Español a partir de la invasión napoleónica y sus efectos en las colonias americanas, así como el comienzo de los primeros movimientos independentistas que surgirían a pesar de los buenos oficios de los gobernadores Someruelos, Cajigal, Vives y Ricardort, quienes se aseguraron, sobre todo Tacón, que a través del desarrollo de las infraestructuras urbanas, como el alumbrado público y el servicio de bomberos, Cuba permaneciera siendo fiel a la corona española. Sin embargo, la llama de la independencia no tardaría en aparecer.

La primera conspiración fue la liderada por Román de la Luz, Joaquín Infante y Juan Francisco Bassave, quienes al ser descubiertos (solo Infante pudo escapar) fueron condenados a prisión. Le siguieron otras, como la dirigida por el liberto José Antonio Aponte, quien con la ayuda de sus colaboradores, entre negros libres y esclavos, logró expandir la conspiración a otras provincias; capturados en abril de 1812, la mayoría de sus dirigentes fueron condenados a muerte. Hacia agosto de 1851, en las colinas de San Francisco de Jucaral, cerca de Guaimaro, Joaquín Agüero se alzó en armas, pero fue cercado y capturado a los pocos días.

A esta primera insurrección armada, le siguieron las fracasadas expediciones de Narciso López, quien terminó siendo ejecutado en La Habana («veinte mil hombres permanecieron en silencio hasta que la cabeza llena de canas del hombre en la silla cayó hacia adelante bajo el garrote») en septiembre de 1851. Y así, hasta las guerras del 68 y el 95, ampliamente detalladas, que cierran el último capítulo.

Colonial Cuba es un enjundioso libro que logra encapsular, con rigor académico, cuatrocientos años de historia. Es también un libro tremendamente gráfico, pues sus lúcidos y abarcadores textos están acompañados por centenares de fotografías y láminas que permiten visualizar, con todos sus errores y aciertos, una de las épocas más importantes de la historia de Cuba.

Raúl Eduardo Chao recibió su PhD en Johns Hopkins University, Baltimore, y después de un corto período en la industria norteamericana trabajó por dieciocho años en el mundo académico, durante los cuales fue Director de Departamento en las Universidades de Puerto Rico y Detroit. Ha sido consultor de la NASA y árbitro científico de las publicaciones de la National Science Fundation, Ha escrito cinco libros sobre la historia de Cuba tanto en inglés como en español.

PEDRO CORZO

LA SUBVERSIÓN CASTRISTA EN AMÉRICA LATINA
–Una historia de la intervención cubana–

Ni la Resolución VI de la Octava Reunión de Consulta de Ministros de Relaciones Exteriores de la Organización de Estados Americanos, celebrada en enero de 1962 en Punta del Este y cuya parte resolutiva excluía al gobierno de Cuba de participar en el Sistema Interamericano, pudo contener la expansión de la subversión castrista en el continente.

Al contrario, la acrecentó. Fidel Castro reaccionó con furia a lo que, a pesar del ambiguo lenguaje diplomático utilizado para calificar sus violaciones de los reglamentos de la institución (adhesión al marxismo leninismo, alineación con el bloque comunista y quebrantamiento de la unidad hemisférica) no era más que una merecida expulsión. No solo calificó a la organización con los peores epítetos, sino que en un claro desafío a la comunidad internacional, amplió sus contactos con los incipientes movimientos revolucionarios del continente y, mediante un total apoyo económico y moral, se fue adueñando de los mismos.

La Habana se convirtió entonces, para los jóvenes líderes revolucionarios de aquella época, en una especie de «madraza insurreccional» en la que se entrenaban para combatir al imperialismo en sus países de origen. Sin embargo, a pesar de sus inacabables recursos estatales, aquella subversiva universidad estaba destinada al fracaso. Y una prueba de ello es que de su fiesta de graduación (La Conferencia Tricontinental de 1966), aquellos trasnochados estudiantes salieron con un diploma en la mano y un certificado de defunción en el bolsillo. Es decir, de la pachanga en los salones del Habana Libre, entre mojitos y canciones folklóricas, pasaron a una tumba sin nombre en una remota quebrada andina.

La lista de desembarcos y alzamientos guerrilleros en nuestras costas y montañas, aunque infructuosas, es interminable. Muchos de ellos han sido documentados en diferentes libros, pero nunca sus historias habían sido condensadas en un solo volumen, como lo están en *Apuntes sobre la subversión castrista en América Latina*, de Pedro

Corzo, publicado recientemente por el Instituto de la Memoria Histórica Cubana contra el Totalitarismo.

El libro, con un prólogo de Alexis Ortiz, cuenta con ocho capítulos, un *Anexo* (con sendas entrevistas a Héctor Pérez Marcano del Movimiento de Izquierda de Venezuela y Félix Rodríguez, expedicionario de la Brigada 2506 y ex agente de la CIA), y una extensa *Bibliografía*. Sus primeros capítulos tratan sobre los organismos cubanos encargados de la subversión y las entidades de carácter internacional que siempre les sirvieron de apoyo, como la Organización Latinoamericana de Solidaridad y la de Países No alineados. En ellos también se analizan los factores que propiciaron el surgimiento de numerosos movimientos revolucionarios en la zona, así como la participación de la Unión Soviética en todos los esfuerzos de Cuba por exportar su revolución. Pero es en el último, titulado *Intervención y subversión en América*, en el que aparecen relacionados todos los países en los que Cuba ha intervenido.

El primero en la lista es Argentina que, aunque en menor medida, también sufrió su cuota de ingerencia cubana; primero con la fundación de las Fuerzas Armadas Revolucionarias, bajo el mando del uruguayo José Carlos Olmedo, y después con la creación del Ejército Guerrillero del Pueblo, comandado por Jorge Ricardo Masetti, quien acompañado por los cubanos Hermes Peña, Raúl Dávila y José Martínez Tamayo, se alzó en armas en la provincia de Salta.

La intervención en Bolivia comenzó desde los primeros años de 1960, cuando los diplomáticos cubanos, José Tabares y Mario García Triana establecieron contactos con dirigentes gremiales y políticos de la zona de Oruro y terminaron por ser expulsados del país. Algún tiempo más tarde, en noviembre de 1964, arribó a la ciudad de La Paz Tamara Bunke, con la misión de crear condiciones para la futura fuerza guerrillera del Che Guevara, la cual terminó, como se sabe, siendo aniquilada rápidamente por el ejército boliviano.

Es imposible enumerar todos los países, mucho menos señalar las organizaciones, las acciones violentas llevadas a cabo y la cantidad de líderes muertos. En Brasil, la Alianza de Liberación Nacional de Carlos Marighella envió cientos de militantes para ser entrenados en Cuba. Y así fue en toda Latinoamérica: Colombia, Chile, El Salvador, Guatemala, Honduras, México (que no se salvó de la subversión cubana ni por haber sido el único país que no rompió sus relaciones diplomáticas cuando Cuba fue expulsada de la OEA), Nicaragua, Panamá, Perú, Uruguay (con sus Tupamaros entrenados por La Habana) y Venezuela. Para qué seguir. Hasta en la caribeña República

Dominicana los tentáculos de Castro se hicieron sentir en términos de entrenamiento militar, armas y dinero.

Apuntes sobre la subversión castrista en América Latina es un libro en el que no solo se documentan todos los intentos de Cuba por revolucionar el continente, sino que también sirve de referencia para poder contrarrestar los esfuerzos de la nueva izquierda latinoamericana por legitimizar a la agonizante dictadura castrista.

Pedro Corzo nació en Santa Clara, Cuba, en 1943. Se inició en la lucha contra el castrismo en el año 1959. Fue capturado y condenado a prisión. Llegó a Estados Unidos en 1992. Trabaja en Radio Martí desde 1998. Residió en Venezuela durante doce años y colaboró allí con varios medios de información. Es presentador del programa Opiniones de WLRN Canal 17 y columnista de El Nuevo Herald. Ha producido varios documentales históricos, entre ellos Yo los he visto partir, Zapata vive, Boitel, muriendo a plazos y Los sin derechos. Entre sus libros se cuentan, El espionaje cubano en Estados Unidos, Perfiles del poder, Guevara, anatomía de un mito y Desplazados y pueblos cautivos

JUAN CUETO–ROIG

VERYCUETOS III
–Entre la ironía, el humor y la reflexión–

El escritor Juan Cueto–Roig no se duerme en los laureles. Hace apenas un año la Editorial Verbum publicó, en una bella y cuidada edición, su libro *Palabras en la tarde*, que contenía no solo una selección de poemas traducidos de Yeats, Cummings y Cavafis, sino también una antología personal de los suyos en la que era posible advertir el mismo desenfado –levemente lírico, desde luego– de sus viñetas, epigramas y divertimentos. Ahora regresa con *Verycuetos III* (Editorial Silueta, 2017) y nos demuestra, al igual que hizo en los dos «verycuetos» anteriores, su diversidad estilística. Y es que aquí hay de todo: apuntes literarios; reseñas musicales, teatrales y cinematográficas; entrevistas; crónicas costumbristas; cavilaciones bíblicas y hasta obituarios.

Verycuetos III comienza con una nota introductoria en la que el autor explica, primero, el origen de los textos, «que provienen de el *Diario Vivir Segunda Época*, una publicación semanal en la cual empleé mis horas de ocio del 2013 al 2016, y que fueron concebidos sin ninguna pretensión literaria». Solo para después aclarar que «aunque estas páginas reflejan opiniones muy válidas y sinceras, los temas están tratados en forma irreverente, satírica a veces». En realidad, no podía ser de otra manera. Y es que Cueto siempre ha utilizado la irreverencia (sin excesos) y la sátira humorística (sin la intención de ridiculizar) en la mayoría de sus libros.

Los textos que siguen, como siempre, se balancean armónicamente entre ingeniosas observaciones y serias reflexiones, como cuando le sugiere a críticos literarios, periodistas y escritores en general, que usen palabras y sintagmas tales como diégesis, hipertextual y sensibilidad semiótica, con el solo fin de demostrar erudición; también le recomienda que utilicen frases en inglés y francés para evidenciar poliglotismo. O como cuando, admonitorio, escribe lo siguiente sobre unos comentarios racistas escuchados: «El racismo, además de transgredir los más elementales principios de la caridad cristiana, la compasión y el amor al prójimo, denigra más a quienes hacen ostentación de esa actitud que aquellos a quienes intenta ultrajar».

En *Verycuetos III* no podía faltar el humor. No un humor chabacano y grosero como el de estos tiempos; sino uno inteligente y agudo: «Ayer leí que en un pueblo de Cuba una señora alquila los jabones que le envía su hijo desde Estados Unidos. Me pregunto si el precio se determinará por el tiempo del uso, por la medida del grosor o por el peso antes y después de alquilado. ¿Habrá un cargo extra al que lo estrena?»

En uno de los textos finales, Cueto relaciona los que él considera –y explica por qué– los mejores cuentos de la literatura universal. Son muchos, pero vale la pena mencionar algunos: *Cómo se salvó Wang Fo*, de Margarite Yourcenar; *Diles que no me maten*, de Juan Rulfo; *El almohadón de plumas*, de Horacio Quiroga; *El destino de un hombre*, de Mijail Sholojov y *El corazón delator*, de Edgar Allan Poe.

Se extrañan, sin embargo, sus conocidos cuentos cortos: «Inmediatamente después de llamar a la puerta del último hombre sobre la tierra cayó fulminado. Antes de expirar escuchó una voz que dijo: ¿Creíste que podrías cambiar la trama?». O el más corto de todos los suyos: «Palpando el capitoné comprendió que lo habían sepultado».

Pero aun sin ellos, *Verycuetos III* es un libro que se lee con una especie de gozoso asombro. Y es que en cada una de sus páginas se descubre algo nuevo; a veces inverosímil. No deja de sorprender que, aunque escritos de manera independiente, sus textos parecen convivir en armonía. Ni siquiera su diversidad temática logra romper el equilibrio entre la ironía y la gracia. O entre el humor y la reflexión. Un estupendo libro. No encuentro una manera más breve de decirlo.

Juan Cueto-Roig nació en Caibarién, Cuba. Exiliado desde 1966, reside en Miami. Ha publicado los libros de poesía: Palabras en fila, en clase y en recreo (2000), En épocas de lilas, (2004), Cavafis, veintiún poemas traducidos del inglés (2010), Esas divinas cosas (2011), Palabras en la tarde (2017). Y en narrativa: Ex-Cuetos (2002), Hallarás lobregueces (2004), Lo que se ha salvado del olvido (2013), Verycuetos (2007) y Verycuetos II, (2014).

ARMANDO DE ARMAS

EL GUARDIÁN EN LA BATALLA
–Novela que desafía todas las convenciones–

En un original juego de sonoridades, el poeta cubano Mariano Brull (1891–1956) acostumbraba a utilizar en sus poemas palabras inventadas por él. En uno de ellos, titulado *Leyendas*, hay una estrofa en la que puede leerse lo siguiente: «Ala olalúnea alífera/ alveola jitanjáfora». De ese verso, el escritor mexicano Alfonso Reyes (1889–1959) escogió la palabra «jitanjáfora» para acuñar el término con el que desde ese momento en adelante se identificarían las composiciones poéticas fundamentadas en expresiones inventadas y carentes de significado. Es decir, aquellas en que la armonía de las palabras y el simple retozo de los vocablos eran lo más importante.

Es cierto que la mayoría de los que en el pasado emplearon esa técnica fueron poetas. Sin embargo, para inventar palabras y aprovechar sus efectos rítmicos no es necesario serlo. Una prueba de ello es que el escritor cubano Armando de Armas, sin ser poeta, también inventa palabras, como la ya antológica «monikongo», utilizada para referirse no solo a los miembros de la Seguridad del Estado cubana, sino también a todos los que de una manera u otra están vinculados a los organismos represivos de la isla. Es decir, a las que llama «las fuerzas monikongas». La primera vez que de Armas empleó el término fue en su libro de cuentos *Mala jugada*, un volumen compuesto por siete relatos que bien pudieran haber sido, por la presencia en sus tramas de los mismos protagonistas, capítulos de una novela corta. Uno de esos personajes, Amadís, reaparece en *El guardián de la batalla* (Neo Club Ediciones), su nueva novela, ganadora del Premio de Narrativa Reinaldo Arenas 2017, y lo hace –esta vez en Miami– con la misma irreverencia de sus marginales noches cienfuegueras.

A medio camino entre el caballero y el pícaro, Amadís (su nombre en función de útil referente literario) encuentra empleo como guardia de seguridad de una clínica de la ciudad desde donde, mientras patrulla el estacionamiento, atisba metafóricamente su nuevo entorno: «Allá sobre la colina, una colina artificial, el expressway, y sobre el expressway corceles que pasan raudos, como manchas, manchas blancas, rojas, azules, amarillas, verdes, grises, negras». Para Amadís, los automóviles son corceles; y sus conductores, jinetes que los cabalgan: «Jinetes alegres, y jinetes melancólicos, jinetes alcoholizados y jinetes abstemios, jinetes apolíneos y jinetes amorfos, jinetes de Dios y jinetes del Diablo».

Lo que sigue es la desmesura narrativa. No solo por la riqueza y erudición de su prosa, sino también por su desenfrenada imaginación: «El agua ha brotado de la fuente oculta entre la hierba junto al tronco del Árbol; primero fue un chispazo, un disparo, un dardo plateado soplado desde la cerbatana de un dios subterráneo y primigenio, demiurgo del averno que lejos de lanzar bocanadas de fuego lanza bocanadas de agua». Y así, entre escenas de fuerte contenido sexual y segmentos de alucinantes reflexiones, Amadís va desentrañando, en un espacio de tiempo intemporal, su pasado, su presente y su futuro.

El guardián en la batalla, es una novela que desafía todas las convenciones y escapa, por su compleja estructura, a cualquier clasificación. Está escrita con un lenguaje duro que no da tregua al lector. Es, también, una novela difícil de leer. Y es que no es fácil seguir su línea argumental. La historia de Amadís, a pesar de las anécdotas y cartas incorporadas al texto, permanece oculta tras una avalancha de deslumbrantes imágenes. Para disfrutar esta novela hay que olvidarse de su novedoso estilo –en el que los puntos de vista narrativos cambian en un mismo capítulo– y dejarse llevar por la musicalidad de sus palabras. Hay que leer sin respiro sus inacabables párrafos para comprobar el sincopado ritmo de su incomparable prosa. Es tanta su cadencia oral que sus jitanjáforas, no necesitan ser traducidas; les basta su propia sonoridad.

Armando de Armas nació en Santa Clara, Cuba, en 1958. Tiene varios libros publicados, entre ellos la novela La tabla, *el libro de cuentos* Mala jugada *y los ensayos* Los naipes en el espejo *y* Mitos del antiexilio. *Es fundador y fue vicepresidente del PEN CLUB de Escritores Cubanos en el Exilio. Actualmente trabaja en Martí Noticias.*

LUIS DE LA PAZ

SALIR DE CASA
−La concentrada intensidad de la vida−

Es posible que el cuento, como se afirma, esté en desuso. Es posible también, como muchos sostienen, que a las editoriales no les interese publicarlos. Si todo eso es cierto, no es de extrañar entonces que cada vez menos escritores cultiven el género. Sin embargo, hay algunos de ellos que a pesar de los agoreros signos de los tiempos y las desfavorables tendencias del mercado, siguen escribiéndolos. Son aquellos que siempre los han escrito; los que siempre seguirán haciéndolo; los que se resisten a engavetarlos. Uno de esos escritores es Luis de la Paz, quien a lo largo de su carrera se ha mantenido firme en su zona de confort narrativa. Es decir, los libros de cuentos. Justo como el que acaba de publicar, *Salir de casa* (Alexandria Library, 2015), en el que se incluyen no sólo sus más conocidos, sino también otros de nueva factura.

Casi todos los relatos que aparecen en esta estupenda colección (en realidad, una suerte de antología personal involuntaria), tratan sobre personajes que descubren algo que los hace reflexionar sobre sus vidas, como en el titulado *Ojala no exista*, en el que un hombre, enfrentado a una paternidad que no desea, obliga a su pareja a interrumpir el embarazo («Yo no lo deseaba, no quería que lo tuviera»), sólo para comprender más tarde el profundo significado del derecho a la vida. En *Balseros*, un camarógrafo de origen cubano regresa a la isla para cubrir el éxodo de 1994 («Teníamos que ponernos a trabajar en cuanto llegáramos, sin embargo no había un plan preparado con anticipación, lo cual nos ponía en desventaja frente a los otros medios de noticias en el lugar») y al reencontrarse con su familia (de la que por circunstancias políticas se había distanciado) termina compartiendo su misma suerte cuando estos deciden lanzarse al mar en una balsa.

La mayoría de los textos están escritos en primera persona, quizás uno de los puntos de vista narrativos más apropiados para el cuento corto. Como el titulado, *Otra forma en el tiempo*, en el que un joven recuerda −por momentos en una especie de monólogo interior− sus primeras experiencias sexuales: «Mientras la miraba, después de tantos años, comencé a recordar cosas que hicimos, o mejor que ella hizo conmigo. Yo todavía salía saltando de la escuela, subía al muro que la rodeaba e iba haciendo equilibrio por el estrecho borde. Pero ya para esas horas de la tarde había experimentado placeres enormes, ella le había suministrado caricias a todo mi cuerpo, y también yo había puesto mis manos donde ella me había pedido».

De los narrados en tercera persona sobresalen *Cita desde la infancia* y *Llegó Daniel*. En el primero de ellos, uno de los pocos en que se adivinan algunos elementos biográficos («Tras varias horas de navegación desde el puerto de Mariel, todavía el barco se resistía a alcanzar la estabilidad necesaria y un ritmo sostenido»), se cuenta la breve relación establecida entre José, uno de los muchos hombres que viajaban solos en la embarcación y una madre acompañada de sus dos hijas pequeñas: «Se incorporó lo mejor que pudo y logró un espacio junto a una familia, dos niñas y una mujer, que se apretaron aún más para cederle un minúsculo sitio». Al llegar a Cayo Hueso, después de una azarosa travesía, se despiden pensando que nunca volverían a verse. Sin embargo, veinte años más tarde, el destino vuelve a unirlos. En el segundo, un hombre se enfrenta a su pasado con la llegada a su puerta de un joven desconocido: el hijo que nunca conoció. El encuentro, después de un previsible comienzo («No sé qué decirte. Sí, yo conocí a Aurora, pero nunca me dijo nada...), se convierte en un juego de intenciones equívocas en el que ambos, padre e hijo, ocultan sus respectivos secretos. El final es realmente inesperado.

Salir de casa es un magnífico libro de cuentos. Sus cotidianas historias no tendrán el aliento literario de las novelas, pero tienen en su brevedad descriptiva y en sus complejos personajes, toda la concentrada intensidad de la vida. La misma que late en cada una de sus páginas.

Luis de la Paz (La Habana, 1956), es escritor y periodista. Abandonó la isla durante el Éxodo del Mariel, en 1980. Ha publicado los libros Un verano incesante (Ediciones Universal, 1996), El otro lado (Ediciones Universal, 1999) y Tiempo vencido (Editorial Silueta, 2009). Además, Reinaldo Arenas, aunque anochezca (Ediciones Universal, 2001), una recopilación de textos y documentos sobre el escritor Reinaldo Arenas, Teatro cubano de Miami (Editorial Silueta, 2010), selección de siete obras de dramaturgos residentes en Miami y Cuentistas del PEN (Alexandria Library, 2011), recopilación de 22 relatos de cuentistas miembros del PEN Club de Escritores Cubanos en el Exilio.

AMELIA DEL CASTILLO

PALABRAS AL VUELO
–Poesía, exilio y otros temas–

Como poeta, narradora y ensayista, Amelia del Castillo ha escrito muchos libros. Tantos, que sería imposible enumerarlos todos. En el más reciente, sin embargo, no encontraremos poemas, ni cuentos ni ensayos. En realidad, *Palabras al vuelo* (Baquiana, 2012) es un libro que recoge los numerosos trabajos presentados por ella en congresos nacionales e internacionales y que han sido publicados, a través de los años, en diferentes revistas literarias. Es un libro que, como la misma Amelia nos dice «no tiene –ni pretende tener– el rigor de la ensayística». Y añade: «Sus páginas, leídas en tantos y tan distintos lugares, no son más que un atrapar de ideas, un relampagueante indagar en voces y temas fascinantes»

Y ciertamente lo son. Desde el primero de los textos (leído en 1980 en St. Thomas University), donde Amelia resalta la impresión que Walt Whitman causó en José Martí y establece un paralelo entre ambos al analizar un ensayo de Martí sobre Whitman (escrito en Nueva York en 1887 y publicado en El Partido Liberal, de México, y en La Nación, de Buenos Aires) y el prefacio a *Leaves of Grass*, del poeta norteamericano; hasta el último, titulado *Una mirada al judaísmo, los profetas y las profecías* (leído en el 2009 en el Círculo de Cultura Hispánico), en el que comienza preguntándose: «¿Por qué elige Dios a este pueblo de nómadas para arrasar con el politeísmo, levantando lo que se ha llamado Monoteísmo Ético, inspiración y base del Cristianismo y del Islamismo?».

El resto de los textos (son 19 en total) los dedica –aunque hay un par de ellos enfocados en Alfonso Reyes y Gabriela Mistral– a poetas del exilio cubano como Agustín Acosta («La poesía de Acosta, aparentemente fresca y sencilla, vibra y se endurece entre la sencillez y la solemnidad»); Lucas Lamadrid («Su obra poética, conocida y apreciada por una minoría selecta e intimista, ha sido poco divulgada dentro del vasto sembradío, no solo de la poesía hispanoamericana sino de la poesía cubana»); Adela Jaume («Tenía una hermosa, firme y educada voz, sorprendiéndonos siempre el tono entre agresivo y retador que utilizaba al leer sus poemas»); Pura del Prado («Su poesía ni pierde hondura cuando recrea palabras tiernas, ni hiere cuando se rebela, ni lastima ni incomoda cuando se vuelca en intimidades»); Salvador Subirá («Solamente Dios y la Poesía pueden hacer el milagro de que un hombre entre rejas sea capaz de jugar con sustantivos como amor, tomeguín, ternura, cocuyo, mariposas...»)

En otro de los textos, el titulado *La isla en tres voces femeninas del siglo XX*, analiza también la obra poética de Ana Rosa Núñez, Martha Padilla y Pura del Prado (a la que ya se había referido en un trabajo anterior), «tres voces líricas perfectamente definidas en el desgarrón del exilio». De la primera escribe: «Su poesía, apasionada, honda, cultivada, críptica y hermética a veces, no se permite estridencias». De Martha Padilla nos dice: «Su voz lírica es de una fuerza y hondura que solo se da en los buenos poetas». Concluye el tríptico con Pura del Prado, cuya poesía «sabe andar y desandar, sin perder lirismo y fuerza, por la ternura, la religiosidad, la denuncia, la protesta, la sensualidad y el erotismo».

La lista de los poetas cubanos del exilio a los que Amelia dedicó algunas «palabras al vuelo», es extensa. Aquí están Elena Iglesias, Ángel Cuadra, Orlando Rossardi, Roberto Cazorla, Rita Geada, Julio Hernández Miyares, Pablo LeRiverand, Justo Rodríguez Santos, Eugenio Florit, Matías Montes Huidobro, Edith Llerena, Roberto Valero, Jesús Barquet, Uva de Aragón y Orlando González Esteva, cuya poesía, tan cubana como la de José María Heredia, Gertrudis Gómez de Avellaneda y José Martí, fue también escrita fuera de Cuba. Hay, además, otros trabajos en los que se ocupa de la literatura en exilios históricos de la América hispana, de la censura, el exilio y la auto–censura, de la libertad en las voces femeninas de la literatura cubana y de la belleza y lo sublime de Edmund Burke.

Amelia del Castillo reside en los Estados Unidos desde 1960. Ha desarrollado una amplia actividad cultural como miembro del Grupo Artístico Literario Abril (GALA). y del PEN Club de Escritores Cubanos en el Exilio. Es autora de 10 poemarios y de un libro de narrativa. Ha obtenido siete premios internacionales de poesía y cuento en Salamanca, Madrid, Nueva York y Miami. Su obra aparece en antologías y publicaciones de Argentina, Colombia, Costa Rica, España, Estados Unidos, México y Uruguay. Es miembro del PEN Club de Escritores Cubanos Exiliados.

CARLOS A. DÍAZ

LOS DULCES BOLEROS DEL INFIERNO
—Cuentos escritos desde la derrota—

«La historia la escriben los vencedores», dice la conocida pero anónima frase. Y la literatura también podríamos añadir. Sobre todo, la de Cuba, que durante cincuenta años ha sido escrita, no solo desde el pedestal del triunfo revolucionario, sino desde las oscuras madrigueras del odio y la mentira que surgieron después. En enero de 1959, cuando terminó la contienda, los escritores castristas se apropiaron de todos los escenarios bélicos: la Sierra Maestra, las montañas del Escambray, las ensangrentadas calles habaneras y las playas y cielos de los desembarcos. Se apropiaron también de los personajes. Y los crearon a su manera: sus combatientes eran heroicos y abnegados; los nuestros, bandidos y mercenarios. Pero hay otra frase, no tan repetida ni anónima, que dice: Si la historia la escriben los que ganan, eso quiere decir que hay otra historia. Es esa 'otra historia', la que cuenta Carlos A. Díaz en su libro de cuentos *Los dulces boleros del infierno*.

Desde el primero de ellos, titulado *Lo efímero de un bolero*, queda establecido el tono del libro: «Yo me acuerdo con los ojos del rayo y la suavidad de la mansa locura, de aquellas noches habaneras donde el cielo estaba mojado de estrellas, cuando me venías a buscar y me llevabas a tu lado por toda la calle 23 rumbo al Buró de Investigaciones, que estaba cerca de un río lleno de sombras e inmensos árboles llenos del rumor de la luna». Sin la complacencia con la que suele abordarse lo biográfico, el narrador recuerda su niñez. Y lo hace desde el desamparo de los derrotados: «Luego vinieron los rebeldes, rompieron los muebles y se llevaron treinta pesos de plata del abecedario, un libro inmenso de Vargas Vila, y un escaparate lleno de novelas de Corín Tellado, lectura predilecta de las criadas de la casa. Nunca más supe de mi padre». El cuento termina con el perturbador sentimiento de que la historia se repite: «Y al final pienso que todos fuimos buenos asesinos, los que perdieron la guerra asesinando y los que ganaron la paz volviendo a asesinar»

El resto de los relatos, que se suceden sin un aparente orden cronológico, es un abanico de históricos y dramáticos episodios. En uno de ellos, titulado *El revolucionario*, un joven insurrecto salva a una mujer que camina desprevenida hacia el lugar donde él acaba de colocar una bomba: «!Señora!, le grita, !señora!. Pero la mujer sigue caminando. Entonces Hilario de Armas se lanzó tras la mujer en una carrera frenética. Silenciosa y simple va con el bulto de ropa rumbo al silencio de Dios. Entonces Hilario la rebasa. Al pasar por su lado ve unos ojos melancólicos que le sonríen. Luego, la detonación».

En *Cabrona nostalgia*, un piloto brigadista no llega a dar la orden de bombardear: «Volaba el B–26 con las insignias cubanas falsas pintada con pintura fabricada en Missouri. Allá bajo está su casa, el árbol frondoso de aguacate que cada verano se le ponían las hojas azules al primer calor del amanecer. Por los alerones del B–26, entre la torreta del artillero de cola, entre el sonido del aire y los copos de la metralla, vio al Sea Fury cubano que se le venía pegando al fuselaje en una estela de sol. Luego sintió el impacto del roquetazo y luego la oscuridad. Pero nunca dio la orden de dejar caer las bombas».

En el titulado *Consulta espiritual*, un hombre lee la palma de la mano de un joven: «Ya le dolían los ojos de tanto leer la mano. Pero él seguía leyendo obsesionado aquella palma de la mano, con un muro de sangre que nunca había visto en nadie. Fue el primer muchacho que fusilaron en el Foso de los Laureles, en La Habana, y el primer cartomántico que no pudo comprender el horror de la nada».

Los dulces boleros del infierno es uno de los mejores libros de cuentos escrito en el exilio en los últimos años. No hay uno solo de ellos que no posea originalidad y un rotundo sentido de conclusión. Ni su brevedad –en realidad, son fugaces viñetas líricas– impide el desarrollo de los personajes, que son descritos con renovados y concisos adjetivos. Leyéndolos, uno no sabe si catalogarlos como cuentos poéticos o poemas en prosa. Y lo más importante: aunque están escritos desde la derrota, están escritos sin odio.

Carlos A. Díaz, es un escritor cubano que reside en Miami desde 1980. Ha escrito más de veinte libros, incluyendo ocho novelas. Ha obtenido varios premios: Beca Oscar B. Cintas, Premio Hispanoamericano de Poesía Juan Ramón Jiménez y el Premio Letras de Oro de poesía.

VICENTE ECHERRI

HISTORIAS DE LA OTRA REVOLUCIÓN
–La memoria frente al olvido–

En el prólogo de su libro de cuentos *Historias de la otra revolución* (Ediciones Universal, 1998) el escritor Vicente Echerri escribe: «Han pasado más de treinta años de la guerra que le sirve de fondo a estos relatos, librada en las montañas que rodean a Trinidad, la antigua y pequeña ciudad de Cuba donde nací y crecí. Mientras en el resto del país 'la revolución' se afianzaba, varios miles de hombres –jóvenes casi todos, campesinos en su mayoría– opusieron en esa zona una desesperada resistencia que el mundo no atendió. Ese que entonces fui aún se acuerda».

¡Y qué bien que todavía se acuerde! Solo así ha podido su memoria rescatar del olvido esa parte de la historia de Cuba de la que aún no se ha escrito suficiente: la guerra del Escambray,

Pero quizás no haya sido esa su intención. Echerri no ha escrito estos relatos pretendiendo que sean, como él mismo ha declarado, «un registro de sucesos históricos». Al contrario, su contexto episódico no es más que el escenario en el que se mueven los personajes. En todos los cuentos hay uno que lo domina todo; su nombre propio es lo de menos. Los títulos se encargan de decirnos su destino: *El pionero, El americanito, El enviado, El verdugo, El mártir, El héroe y El muerto.*

Historias de la otra revolución es uno de esos libros que se lee sin desmayo; no solo porque las pequeñas tramas individuales nos atrapan, sino porque a pesar de tratarse de cuentos, su uniformidad temática y cronológica permite que se lea como una novela. Hay una sola voz narrativa: la de Echerri; un escenario único, Trinidad; y un rosario de inolvidables personajes que aparecen una y otra vez, entre ellos, la madre y la abuela del autor, que con sus presencias matriarcales son una especie de hilo conductor de los relatos.

Cada uno de los cuentos tiene los elementos que conforman una buena historia: lugares que no conocemos, protagonistas obligados a enfrentarse a situaciones superiores a sus fuerzas y un entorno de dimensiones casi épicas. Y todo esto escrito de una manera directa y simple, casi con sobriedad oral, como si el autor estuviera hablando con sus lectores. Aquí no hay artificios estilísticos ni alardes literarios. El tono, a pesar de su carga emocional, es contenido.

En *El héroe*, uno de los mejores cuentos del libro, Echerri nos trasporta a los días en que se escribían las «historias de la otra revolución». Y al hacerlo describe, en un par de minuciosos párrafos, el ambiente de ciudad sitiada que reinaba en ese entonces en Trinidad: los jefes guerrilleros del Escambray que se habían alzado eran calificados de bandidos por el gobierno, se ofrecían recompensas por su captura y se llevaban a cabo ejecuciones sumarísimas en el cuartel maestre de Rancho Consuelo.

Osvaldo Ramírez, Cheíto León y Julio Emilio Carretero, a quienes la literatura comprometida y el cine oficial cubano convirtió en asesinos, aparecen aquí como lo que fueron, campesinos sin preparación que al rebelarse contra aquella dictadura que se llamaba «la revolución», se transformaron en héroes. Sin embargo, el libro no los mitifica, lo que hace es humanizarlos. Y quizás sea ese uno de sus mayores aciertos: iluminar narrativamente, y con justicia, uno de los procesos históricos menos conocidos de la lucha contra la dictadura castrista.

Vicente Echerri nació en Trinidad, Cuba, en 1948. Reside en Estados Unidos desde 1980. Ha publicado los poemarios Casi de memorias (2008) y Luz de Piedra (1986) que recibió el Premio José María Lacalle en Barcelona. Ha publicado también un libro de ensayos, La señal de los tiempos (1993), y dos de relatos, Historias de la otra revolución (1998) y Doble nueve (2008). Ha ejercido el periodismo de opinión durante más de treinta años en diarios y revistas de Estados Unidos y América Latina y ha traducido numerosos libros del inglés al español.

JULIO ESTORINO

UNA PALABRA MÁS FUERTE
–Los escritos de Monseñor Agustín Román–

Los sacerdotes de la Iglesia Católica son, por definición, hombres consagrados a Dios, ungidos y ordenados para celebrar y ofrecer el sacrificio de la misa. Son también, según el Evangelio, luz del mundo, pescadores de almas, pastores vigilantes de la grey cristiana, perdonadores de pecados y mensajeros del Hijo de Dios. Todo eso y mucho más, hombre de fe, predicador de los Evangelios, venerado obispo, guía y maestro, lo fue Monseñor Agustín Román, pastor y líder espiritual de los cubanos exiliados, recientemente fallecido, quien no supo, como alguna vez dijo, «separar en mí el amor a Dios y el amor a Cuba». Sí, su amor por Cuba. La patria a la que nunca olvidó, a la que le dijo adiós para siempre el 17 de septiembre de 1961 cuando fue expulsado de ella, y a la que jamás regresó. Por eso ha hecho bien Julio Estorino en editar *Una palabra más fuerte* (Universal, 2012), un libro en el que se recogen, de una manera cronológica, algunos de los escritos (homilías, reflexiones y artículos de prensa) que Román escribió en el largo sacerdocio de su vida.

El libro está estructurado en tres secciones, correspondiendo la primera de ellas a un Introito en el que se incluyen unas palabras de presentación a cargo del P. Juan Rumín Domínguez, Director Espiritual de la Archicofradía de la Caridad; unas evocadoras páginas en las que Julio Estorino rememora sus años al lado de Román y explica, además, el proceso de selección que debió usar («escogí aquello que más diáfanamente expone su fe católica, su amor a Cuba y su pasión por la justicia») para editar el libro.

Una palabra más fuerte es un libro de propósitos múltiples: homenaje, magisterio y legado. Un compendio de sabiduría sobre asuntos concernientes, no solo al destino de la nación cubana, como se refleja en *Treinta años de destierro*, cuando escribe: «¿Qué puede pedirse, pues, sino el cambio total, que debe comenzar por el alejamiento definitivo del poder de aquellos que por más de tres décadas no solamente no han sabido usarlo bien, sino que, además, lo han detentado en detrimento de los legítimos intereses de la nación?»; sino también a los de la fe y la conciencia, como son los abordados en *El fundamento del ecumenismo*: «El testimonio misionero común proclamando que solo hay salvación en el nombre de Jesucristo, ante un mundo que aún no lo conoce o que lo ha olvidado, debe ser, precisamente, la finalidad de este compromiso ecuménico».

Pero Monseñor Agustín Román no se preocupaba solamente por los destinos de Cuba o por problemas de índole eminenteme teológicos. Sus intereses pastorales abarcaban un amplio espectro de carácter cívico y social, como lo demuestran sus escritos sobre la violencia en Miami y la necesidad de solidarizarse con Colombia. O sobre la urgencia de una reforma migratoria integral y sus llamados a la compasión para los refugiados haitianos y nicaragüenses. Sí, ha hecho bien Julio Estorino, la Archicofradía de la Caridad y Ediciones Universal en publicar esta selección de escritos de Monseñor Agustín Román que ilustran, de manera inequívoca, su devoción a la Virgen de la Caridad y su amor por Cuba. Son apenas un puñado de ellos, rescatados no solo para mantener viva su memoria sino para que aquellos que no lo conocieron puedan descubrir los orígenes de su profunda vocación sacerdotal, los cimientos de su vida espiritual y el profundo alcance de su compasión.

Julio Estorino nació en Unión de Reyes, Cuba, en 1943. Se fugó de una prisión castrista en 1962, obtuvo asilo en la Embajada de Uruguay en La Habana y recibió asilo político en Estados Unidos en 1963. Se licenció en Español y Ciencias Políticas en lo que es hoy la Universidad Católica de Santo Tomás, en Miami. Ha militado activamente en organizaciones pro democracia como los Municipios de Cuba en el Exilio, la Junta Patriótica Cubana y el Directorio Democrático Cubano. Ejerce el periodismo desde 1959. Ha mantenido programas en las principales radioemisoras del sur de la Florida. Ha publicado dos poemarios: Patria y Pasión y Cimarrón en monte extraño. Fue cercano amigo y colaborador de Monseñor Agustín Román durante 45 años.

TOMÁS FERNÁNDEZ-TRAVIESO

EL SILENCIO DEL AYER
–Una novela de prosa precisa–

La novelística cubana del exilio ha pasado por numerosas etapas. En la primera de ellas, las obras eran contundentes denuncias políticas presentadas en forma de ficción y reflejaban las experiencias de la lucha contra el castrismo y el horror del presidio. Con el tiempo la temática fue cambiando y aparecieron narraciones que en sus tramas mostraban otras realidades del exilio: las frustraciones iniciales, el proceso de adaptación, en la asimilación y la nostalgia. Después, con la llegada de nuevos escritores de la isla, surgió una especie de última etapa: la que refleja el caos y la miseria de la utopía en su versión infernal. Sin embargo, a pesar de su diversidad temática, algo las une: la angustia del exilio y la necesidad de escribir sobre Cuba.

El silencio del ayer (Universal, 2009), novela escrita por el profesor y expreso político Tomás Fernández-Travieso, no es la excepción. En ella, de alguna sorpresiva manera, hay un poco de todas las etapas. Y es que aunque la trama transcurre en La Habana a finales de los años ochenta, su estructura le permite retroceder en el tiempo y recorrer la historia de Cuba desde los primeros meses de la revolución hasta la salida de unos de los personajes hacia el exilio. Utilizando dos narraciones paralelas que terminan por unirse, Fernández-Travieso va contando, por una parte, la historia de Carmen, una mujer con un pasado oculto, y también la de su hijo Boris, un joven teniente de la inteligencia cubana. Y por la otra, la historia de Sebastián, el hilo conductor de la novela, un preso político que acaba de ser liberado de la cárcel y que se ha propuesto, antes de salir de Cuba, cumplir la promesa que le hizo en los calabozos de La Cabaña a un condenado a muerte en 1961. Una promesa que, al cumplirse, cambiará para siempre la vida de todos los protagonistas.

Los capítulos que corresponden a la historia de Carmen y Boris, son narrados en tercera persona, lo cual le proporciona ese típico distanciamiento entre autor y texto que caracteriza el género de novela. Y los que corresponden a la historia de Sebastián, son narrados en primera persona. No solo para otorgarle inmediatez al relato durante las escenas en que Sebastián deambula por una ciudad que ya, después de casi treinta años de presidio no reconoce, sino también para dotarlo de un ligero tono de suspense que el secreto que Carmen oculta, requiere.

Los personajes no son muchos, pero están logrados desde un punto de vista sicológico. Sobre todo el de Boris, que evoluciona desde una posición de fe ciega en la revolución, hasta la de un colosal desengaño que, al final, se expresa de una dramática manera.

El silencio del ayer es una novela muy bien escrita, de prosa precisa y sin pretensiones, a la que no parece sobrarle ni faltarle palabras. Pero no es solo su ajustada estructura la que le brinda solidez, sino el contexto histórico en que se desarrolla la trama y el buen uso de los elementos de ficción: diálogos creíbles, escenarios descritos sin palabras rebuscadas y oportunos *flashbacks* que permiten comprender acontecimientos pasados. Un pasado que golpea al lector, en una nota final del libro, con toda la fuerza del horror castrista: «El 18 de abril de 1961 fusilaron en la Fortaleza de La Cabaña, La Habana, Cuba, a: Carlos Rodríguez Cabo, Efrén Rodríguez López, Virgilio Campanería Ángel, Alberto Tapia Ruano, Eligio de la Puente, Filiberto Rodríguez Ravelo, Lázaro Reyes Benítez, José Rodríguez Borges y Carlos Calvo».

Tomás Fernández-Travieso nació en La Habana, Cuba, el 24 de septiembre de 1942. Fue preso político durante 19 años y liberado por una gestión del gobierno de Venezuela durante la presidencia de Luis Herrera Campins. En Estados Unidos obtuvo la Licenciatura en Creighton University en Omaha, Nebraska, y la Maestría en la Florida International University. Ha sido profesor de español por más de veinte años. Ha publicado dos novelas y la obra de teatro Prometeo desencadenado. Reside en Miami.

JOSÉ LORENZO FUENTES

EL HOMBRE VERDE
–Cuentos que podrían ser novelas–

Cuando en 1992 el escritor cubano José Lorenzo Fuentes llegó al exilio, Guillermo Cabrera Infante dijo que era «uno de los pocos escritores de renombre que quedaban en Cuba». Viniendo de Cabrera Infante –prodigioso pero no pródigo– significaba un gran elogio. Después, como muchos otros escritores exiliados, José Lorenzo Fuentes desapareció. Solo nos dejó el recuerdo de sus premios Hernández Catá y Cirilo Villaverde, y la esperanza de que su interrumpida producción literaria continuase. Y así fue. Algunos años más tarde reapareció con una novela corta titulada *La piedra de María Ramos*. Pero aquella *novella*, para los que conocíamos su obra, no fue suficiente. A pesar de que estaba escrita con una prosa hermosa, era apenas un ejercicio literario. Un calentamiento de brazo del autor. Todos esperábamos algo de más envergadura.

Y parece que seguiremos esperando porque acaba de publicar *El hombre verde y otros relatos* (Espuela de Plata, 2005), un libro de cuentos magnífico, pero que no es la obra mayor que anticipábamos. Estos relatos, escritos con tanto aliento literario, no hacen sino confirmar lo que muchos ya sabíamos: José Lorenzo Fuentes es un estupendo escritor, capaz de escribir una gran novela cubana. Oficio no le falta; vivencias tampoco. Fue corresponsal de guerra en el Segundo Frente del Escambray y estuvo en la batalla de Santa Clara.

Tras el triunfo revolucionario fue fundador de la revista INRA y jefe de la sección de Arte y Literatura de la revista Bohemia. Por su actitud contestaria fue condenado a tres años de prisión, y al salir de la cárcel se incorporó al Movimiento de los Derechos Humanos, hasta que abandonó Cuba.

El hombre Verde y otros relatos –que esperamos sea solo un anuncio de lo que está por venir– es un libro de cuentos diferente. Sus historias no son de comienzo, nudo y desenlace. Son historias complejas que, en ocasiones, rebasan el marco de sus estructuras. Algunas, las más fantásticas, se mueven con comodidad, entre la irrealidad y el absurdo. En ellas no hay curas que levitan, pero hay un habanero que cree tener dos alas ensambladas en los omóplatos antes de perderse, flotando en el aire, en un horizonte de antenas parabólicas. Son personajes a los que se les adivinan múltiples posibilidades. Y aunque muchos de sus conflictos quedan resueltos, es evidente que la carga dramática de los mismos merece entornos más amplios. En realidad, cada uno de los cuentos es una novela pidiendo ser escrita. Si hubiese homogeneidad en sus temas, hasta podrían leerse como tal. O mejor aún; si sus personajes apareciesen en una misma historia, tendríamos una saga fantástica como las de Isabel Allende, pero con La Habana como telón de fondo en lugar de Santiago de Chile.

Pero tendrían que estar todos ellos. Desde Esteban de la Caridad, el protagonista de *El verde secular de los Humara*, «que vistió en Carabobo la casaca verde y las charreteras doradas de los ejércitos de la República de la Gran Colombia», hasta Eskamanda, la de *El chivo y el brigadier*, «una mujer tan fogosa que nunca pudo ser calmada por caricia de hombre».

Deben aparecer también el tirano de *El cielo del general*, ese que en sus últimos días subió a la azotea del Palacio Presidencial a empinar «la cometa de franjas amarillas y negras que tenía en la imaginación desde los tiempos remotos de su niñez», y el lujurioso gato Thalo, un onírico felino que se atrevía a soñar con mujeres.

El hombre verde y otros relatos es un excelente libro de cuentos. Pero el tiempo no se detiene. José Lorenzo Fuentes ya no es «uno de los pocos escritores de renombre que quedaban en Cuba». Ahora es uno de los pocos que nos quedan aquí. Se nos han ido casi todos. Dicho esto, una petición: recuerde que todavía nos debe una novela.

José Lorenzo Fuente nació en la ciudad de Santa Clara, Cuba, el 31 de marzo de 1928. Realizó sus primeros estudios en su ciudad natal y en 1956 se graduó en la Escuela de Periodismo de Las Villas, donde con posterioridad se desempeñó como profesor de Historia del Arte. Publicó numerosos libros, entre los que destacan El sol, ese enemigo, Después de la gaviota, Viento de enero y Brígida pudo soñar. En 1991 fue uno de los firmantes de la Carta de los Diez, en la que se demandaban reformas democráticas en el país. Tras una invitación de la Universidad de Iowa, estableció su residencia en Estados Unidos. El 17 de diciembre de 2017, falleció en la ciudad de Miami a los 89 años de edad.

ERNESTO G.

LOS RELATOS DE MAURICE SPARKS
–Una estupenda colección de cuentos–

Algunos escritores construyen sus historias a partir de una imagen. Otros, como Ernesto G, a partir de un personaje. O de muchos personajes, como los que aparecen en su libro *Los relatos de Maurice Sparks* (Editorial Silueta, 2011) una estupenda colección de cuentos cortos. Uno de ellos, *El rechazo*, es realmente corto, como el de Monterroso, pero sin dinosaurio: «La invité a tomarnos un café. Me dijo que no. Yo sigo soñando». Sus tramas, si es que puede llamársele así a sus fugaces instantáneas, se desplazan entre la alineación y el absurdo del cada día de nuestras vidas. En sus historias, contadas a veces en un par de páginas, hay más inmediatez que trascendencia y más picardía urbana que conflictos existenciales. Son tan ingeniosas y verdaderas, tan de *pop culture*, que algunas podrían ser –por la actualidad de sus anécdotas y por sus certeros diálogos– la base argumental de uno de esos modernos *cómics* con contenido social. Otras, por su originalidad, la premisa de un guión cinematográfico.

El libro está dividido en tres secciones. En la primera de ellas, *Cualquiera es un Maurice*, se sienta el tono de lo que está por venir: «Salgo a cazar personajes. Así empiezan mis relatos, con un personaje. Observo a la víctima cuidadosamente. Analizo cada detalle. Busco las pistas que me conduzcan a una historia». Y esa historia, cuando aparece, «puede comenzar en cualquier lado y de cualquier forma. Al fin y al cabo una historia es solo una historia y un sol muerto es un sol muerto. Una historia es una moneda que alguien ha lanzado al suelo, otro la escupe, aquel la pisa y tú la recoges».

La segunda sección se titula, *La primera vez fue en el carro* (que es también el título de uno de los relatos), y es en ella donde se encuentran agrupados los cuentos más logrados. Que son también los más irreverentes. Como el titulado, *Mensajes*, una historia de amor cibernético con un inesperado final.: «La cosa empezó por un mensaje de texto que recibí un día y que decía 'Te odio. Ojala nunca te hubiera conocido'. Bueno, yo no te conozco, pensé. Le devolví el mensaje. 'No entiendo tu odio. No nos conocemos'. Ella se percató de que se había equivocado y me mandó una disculpa. 'No hay de qué disculparse. Fue una equivocación. ¿Cómo te llamas?'. Ahí empezó todo»

La tercera parte, *Los efectos secundarios*, es la más extensa de todas y es donde los relatos (quizás podríamos decir viñetas) se hacen –aunque sin perder su humor– más reflexivos. Hay uno que merece ser transcrito casi en su totalidad: «Un señor sabía que estaba a punto de morir y decidió hacer algo importante. Pero no sabía qué. Empezó a buscar en sus gavetas algún objeto que le ayudara a encontrar la manera de llegar a la inmortalidad. Por desgracia solo encontró cepillos de diente, llaves que abrían puertas de casas en las que ya no vivía, libros de poesías sin leer publicados por amigos a los que nadie conocía, bolígrafos sin tinta y hormigas muertas, es decir, objetos todos sin la menor valía o trascendencia. Entonces cayó en la cuenta de que no tenía nada que hacer, que el final de sus días transcurriría del mismo modo aburrido e intrascendente como había transcurrido el resto de su vida. Por alguna extraña razón este conocimiento lo hizo sentirse importante. Y finalmente pudo morir tranquilo».

Los relatos de Maurice Sparks es un libro muy bien escrito. Y mejor concebido. Sus cuentos, todos de una infrecuente originalidad, son coherentes (por su estilo, tremendamente influenciado por el twitter, el Facebook y los blogs) con la trayectoria artística del autor.

Ernesto G (La Habana, Cuba, 1967) es, además de Licenciado en Lengua y Literatura Inglesa, poeta, narrador, videasta y blogger. Radica en Estados Unidos desde 1995. Ha colaborado con varias revistas digitales y páginas de Internet. Es director de una compañía de cine independiente, ISawFinger Productions, encaminada a la divulgación cultural en Miami.

CARLOS GARCÍA PANDIELLO

JASPORA
–Una novela cubana diferente–

Uno de los rasgos fundamentales de las primeras novelas cubanas escritas en el exilio era su virtual condición de literatura comprometida. En la mejor aceptación del término, claro. Cómo no iban a serlo si casi todas ellas, aunque presentadas en forma de ficción, eran contundentes denuncias políticas que reflejaban las experiencias de la lucha contra el castrismo y el horror vivido en las cárceles de la isla. Después llegaron las que, con argumentos repletos de reminiscencias personales, trataban de rescatar del olvido una Cuba que ya no existía. Esas fueron, por llamarlas de alguna manera, las nostálgicas: más añoranza que militancia.

Pero los años pasaron y la ciudad de Miami comenzó a cambiar. También lo hizo el exilio. Y junto a él, sus escritores. No todos, es cierto. Muchos decidieron permanecer en su zona de confort narrativo. Es decir, en las fronteras del Miami cubano. Otros, sin embargo, se aventuraron a reflejar en sus historias, utilizando expresiones en inglés y spanglish, los distintos rostros del nuevo Miami. Tal como acaba de hacer el escritor Carlos García Pandiello en su novela *Jaspora* (Aduana Vieja, 2017), cuya trama transcurre no solo en el Miami cubano, sino también en el haitiano y en el afroamericano.

Jaspora, cuyo título fue tomado de una canción de Wyclef Jean que hace referencia a la diáspora haitiana, cuenta la historia de Ramón González, un ex pelotero cubano americano que vive marcado por dos experiencias traumáticas: la muerte de su esposa Alicia y la lesión que le costó su carrera deportiva. Pero no son estos dos hechos los que hacen de Ramón un personaje literario trascendente, sino sus contradicciones como ser humano: está orgulloso de sus raíces cubanas y defiende el derecho de los «balseros» a permanecer en Estados Unidos, pero se lo niega a los haitianos.

Una de las primeras escenas de la novela sienta el tono de la misma: «Ha salido el sol y Ramón conduce su camión por Biscayne Boulevard. Al llegar a la avenida 78 se detiene frente a la luz roja del semáforo. A través de la ventanilla del pasajero ve a unos haitianos enarbolando pancartas alegóricas a su causa. En una de estas se lee: «*Cubans are not better than Haitians*». Ramón baja el cristal y les grita: «*Leave the Cubans alone, man. Go back to Haiti if you want to be legal*».

Sin embargo, un día conoce a Ninaj, una mesera haitiana que lo ayuda a reconciliarse consigo mismo, lo hace abandonar sus prejuicios y le devuelve los deseos de vivir. Y es aquí donde verdaderamente comienza la novela. García Pandiello hace avanzar la trama a través de dos voces: una en tercera persona omnisciente y en tiempo real; y otra en primera persona en la que Ninaj cuenta los mismos hechos pero desde una perspectiva diferente.

Esta técnica narrativa, conocida como el «efecto Rashomon», le proporciona al texto diferentes lecturas y le añade un inesperado tono de suspenso. Y es que *Jaspora*, además de ser una historia contemporánea de fuerte contenido social y humano que trata sobre el dolor, la desesperanza y la redención espiritual, es también una historia en la que hay un peligroso triangulo amoroso, viejas cuentas sin saldar y estallidos de violencia.

Como hay pocos *flashbacks*, la trama avanza –entre coladas de café cubano y botánicas haitianas– de una manera lineal. Su estructura es casi cinematográfica y sus diálogos, tanto en inglés como en español, son ingeniosos, certeros y creíbles. Es evidente que al autor lo que le interesa es contar una historia. Y lo hace de la manera más directa posible; sin rebuscamientos verbales, pero con una prosa ágil y repleta de guiños literarios, musicales y deportivos. El final, impredecible, llega acompañado de un coro de música góspel y un poderoso sermón evangélico: «!Esta es la vida de Jesús! ¿Están listos para vivirla?». Una estupenda novela; no sé cómo decirlo en creole.

Carlos García Pandiello (Pinar del Río, Cuba, 1967) es narrador, ensayista y guionista. Tiene una maestría en Literatura Hispanoamericana por la Universidad Internacional de la Florida. Escribe reseñas literarias y artículos de opinión para El Nuevo Herald y otros medios de prensa. Reside en Miami y trabaja como escritor para la cadena Telemundo. Jaspora es su primera novela. Fue ganador en 2018 del Annual International Latino Book Award.

CAROLINA GARCÍA-AGUILERA

Aguas sangrientas
–Lupe Solano al fin habla español–

Quizás sea porque casi 30 millones de hispanos viven en Estados Unidos; o porque hemos mantenido nuestro idioma a toda costa; o porque el año pasado se vendieron más de 50 millones de libros en español. ¿Quién sabe? En realidad, las causas no importan. Lo cierto es que al fin a Lupe Solano la han puesto a hablar con nuestra voz.

Es probable que muchos no sepan quién es Lupe Solano. Lo cual es una lástima porque se han perdido un gran personaje de ficción. Afortunadamente eso está a punto de cambiar con la publicación de *Aguas sangrientas* (Planeta, 2002), primera novela de la escritora cubana Carolina García-Aguilera traducida al español.

En el año 1996, García-Aguilera, detective de profesión, decidió escribir misterios en lugar de investigarlos, y publicó *Bloody Waters*. El libro tuvo muy buena acogida y fue el inicio de lo que llegaría a ser una exitosa serie policiaca. A esa opera prima le siguieron *Bloody Shame, Bloody Secrets, A Miracle in Paradise, Havana Heat* y *Bitter Sugar*.

En todos ellos la protagonista era Lupe Solano, una cubana perteneciente a una acaudala familia de exiliados que, a pesar de considerarse a sí misma «una Cuban American princess», se convirtió por vocación en investigadora privada. Es decir, alguien que lo mismo investiga un asesinato que un adulterio. Tarea difícil si se piensa que para hacerlo debe descender de su olimpo en Cocoplum hasta los vecindarios más peligrosos de la ciudad.

Pero no son las características de su profesión lo que hacen de Solano un personaje literario trascendente, sino sus contradicciones como ser humano. Por ejemplo, ella se considera una «mujer liberada y práctica», pero se muere por las ropas de marca; es católica practicante, pero utiliza el sexo para lograr sus propósitos. Tal vez sea por eso que a pesar de los clisés («Guardé la pistola en uno de los bosillos de mi enorme cartera Chanel de cuero negro») resulte convincente. O *rounded*, por decirlo con palabras de E. M. Foster. Lupe Solano no es

Ana Karenina, es cierto, pero es un personaje tridimensional dentro de las limitaciones del género.

En *Aguas sangrientas*, José Antonio y Lucía Moreno, un matrimonio cubano, le piden a Lupe Solano que encuentre a la madre biológica de Michelle, su hija adoptiva de cuatro años, ilegalmente adoptada. La niña necesita con urgencia un trasplante de médula ósea. Michelle puede morir en menos de seis meses. Así despega la trama de esta bien estructurada novela.

Sin revelar el final puedo decir que Lupe Solano, tratando de encontrar a la madre de Michelle, descubre una criminal operación de tráfico de niños desde Cuba y se ve obligada a viajar secretamente a la isla. ¿Descabellado? Es posible. Sin embargo, todo está contado de una manera tan detallada y verosímil que nada causa asombro. En ficción, un escritor debe ser específico para convencer al lector. Y García-Aguilera lo es. Cuando Lupe desembarca en Isabela de Sagua ya no hay alternativas: tenemos que creerlo todo.

Como mismo debemos creer en su cubanía. Y es que García-Aguilera, aunque escribe en inglés, piensa en cubano. Por eso no teme hacer decir a Lupe Solano lo siguiente: «Desde el minuto en que me despierto hasta el último segundo de la noche no dejo de pensar en mi isla».

Tampoco teme escribir una dedicatoria como esta: «Dedico este libro a mis tres hijas, Sarah, Antonia y Gabriella, los amores y pasiones de mi vida, y a Cuba, la isla de mis sueños».

Carolina García-Aguilera es una escritora americana nacida en La Habana en 1949. Salió de Cuba con su familia hacia el exilio cuando tenía 10 años de edad. Se graduó en Rollin College, Winter Park, Florida, con B.A en Historia y Ciencias Políticas y más tarde obtuvo un Master Degree en Lenguas y un PhD en Latin American Affairs. En 1996 publicó su libro Bloody Waters, seguido de otros seis. Su novela One Hot Summer fue adaptada al cine.

CRISTINA GARCÍA

Las hermanas Agüero
–Realismo mágico a la cubana–

Con la publicación en 1993 de su novela *Soñar en cubano* (Ballantine Books) -súbito *bestseller* nacional- la novelista cubana Cristina García ascendió, por derecho propio, al plácido olimpo de las escritoras latinas que escriben en inglés.

La crítica, como era de esperar, no tardó en colocarla en el mismo pedestal que compartían en ese entonces Sandra Cisneros, Julia Álvarez y Esmeralda Santiago.

En aquella ocasión, The New York Times calificó la novela de «deslumbrante» y a su autora como «mágica».

Yo no sé que irán a decir ahora sobre *Las hermanas Agüero*, pues esta es mucho mejor que la primera. Okey, lo sé. Dirán que es una gran novela en ruta hacia la gran literatura.

Y es lo menos que pueden decir. Escrita desde múltiples puntos de vista narrativos, la novela cuenta la historia de Reina y Constancia Agüero, dos hermanas cubanas que han estado separadas por más de 30 años y que intentan, sin éxito, rescatar sus propios pasados.

Alternando las escenas entre La Habana y Miami, la autora reconstruye el destrozado universo familiar de ambas mujeres, y al hacerlo, desentraña un terrible secreto.

Las confesiones de Dulce, la hija de Reina, que se casa con un español para escapar de Cuba, le brindan un sentido de actualidad a la narración: «El sexo en lo único que no pueden racionar en La Habana. Es la mejor moneda después del dinero y mucho más democrática, a decir verdad»

La premisa anterior es solo el vehículo para que García haga lo que mejor sabe hacer: narrar. No hay una sola página en esta novela que no esté repleta de increíbles imágenes poéticas.

Los símiles son apocalípticos y las metáforas, concebidas en inglés, adquieren nuevas formas en la traducción. Los personajes están descritos con muchos detalles. De Reina Agüero, la devoradora de hombres que llegó de Cuba, dice lo siguiente: «Tiene 48 años, pero su cuerpo parece mucho más joven. Su boca es grande e impecable, con las comisuras de los labios apenas discernibles».

De Constancia Agüero, la otra hermana, una exitosa empresaria de Key Bicayne, dice: «Tiene 51 años, pero su piel es suave y blanca, casi sin trazos de envejecimiento. Su pelo oscuro está recogido a la francesa y sus uñas pintadas para combinar con sus labios color coralino».

Pero no son las descripciones físicas las que hacen que sus personajes permanezcan en nuestra memoria, sino sus conductas y sus historias personales. A cada uno de ellos, García le ha construido un pasado, le ha inventado una vida y los ha dotado con un corazón.

Si algún defecto puede señalarse a esta novela es su desbordada imaginación. Aquí hay material para seis libros diferentes: el suicidio de un padre y la muerte misteriosa de una madre; diarios escondidos; cofres enterrados; invasiones militares; dioses africanos y adulterios.

Si en Macondo un cura levita al tomar chocolate, en Key Bicayne una mujer es fecundada por la luna. Y es que García no sabe cuando parar.

Eso lo supe casi al final de la novela cuando Constancia regresa a La Habana en una lancha clandestinamente a recobrar el cadáver de su marido, muerto en una invasión por Varadero. El capitán detiene la lancha a cinco millas de la costa: «Constancia se prepara, se mete en su traje de buceo negro. En un bolso a prueba de agua ha empacado un par de botas con suelas de goma, su neceser con maquillaje, un teléfono celular y una cantimplora con jugo fresco de granada».

Si esto no es buen realismo mágico a la cubana, que baje San Alejo y lo vea.

Cristina García es una escritora americana nacida en Cuba. En 1961, cuando ella tenía dos años de edad, su familia partió al exilio y se asentó en Nueva York. En 1979 completó su Bachelor Degree en Ciencias Políticas y más tarde un Master Degree en la John Hopkins University. Después de haber trabajado como reportera en Time Magazine, comenzó a escribir ficción. Otros de sus libros fueron Monkey Hunting, Cubanisimo!, A Handbook to Luck y The Lady Matador's Hotel.

REINALDO GARCÍA RAMOS

UNA MEDIDA INEXACTA
–Ensayos de Reinaldo García Ramos–

Las medidas de longitud que determinan la distancia que hay entre dos puntos siempre son exactas. Ni una pulgada más ni un centímetro menos. Las que no son exactas son las que miden nuestras vivencias, nostalgias y esperanzas. Esas, al decir de Reinaldo García Ramos, son «aproximaciones, tanteos en un bosque de penumbras». Como las que descubrimos, en forma de ensayos y comentarios, en su más reciente libro, *Una medida inexacta* (Editorial Verbum, 2017), que con un prólogo de Liliam Moro acaba de salir a la venta.

Muchos de los textos que lo componen, quince en total, son versiones nuevas y revisadas de otros que habían sido publicados previamente; algunos son inéditos. La mayoría son breves y de temas diversos: literatura, historia, política y experiencias personales. Pero todos, desde el primero, *Los niños de Martí en la epopeya delirante*, un estupendo análisis de *La Edad de Oro*, hasta el último, *Las voces del infierno*, un lúcido ensayo sobre la primera novela de Miguel Correa Mujica, están escritos con una prosa que, sin dejar de ser conceptual y expositiva, es ligera (para facilitar la comprensión de las ideas), amena (para evitar el tedio académico) y lírica para enriquecer la lectura.

Hay textos en que estas cualidades narrativas son más evidentes, como cuando reseña *Mapa dibujado por un espía*, uno de los libros de Guillermo Cabrera Infante publicados póstumamente, en el que García Ramos descubre algunas de sus claves ocultas, como «la terrible disyuntiva en que se encontraban los intelectuales y artistas de su generación: la de acatar o criticar». O como cuando en *Un editor bien vigilado* recuerda sus años en el Instituto del Libro, entidad estatal que agrupaba todas las editoriales que existían en Cuba, tratando infructuosamente de que se publicasen «más obras capitales de la literatura universal y no solo libros de conveniencia política».

En uno de los ensayos, titulado *José Manuel Poveda, aspirante a maldito*, García Ramos se ocupa de rescatar del olvido la obra de un poeta cubano de principios del siglo XX que, adelantándose a su época, anticipó algunas de las principales corrientes estilísticas en la literatura cubana, como la poesía negra. Y lo hace resaltando una parte de su trayectoria: «Todo en la existencia de Poveda parece estar sometido a un régimen extremo de disonancias, a un rejuego de tendencias contrarias y sutiles. Desde un esteticismo extraído de los más recónditos decadentes franceses de fines del siglo XIX, hasta el culto de las pasiones patrióticas que había bebido de niño en los relatos sobre la hazaña mambisa».

Pero no todos los textos tienen el mismo tono ensayístico; son los que descansan en las propias vivencias del autor, como los titulados *Los tiempos de Mariel* y *¿Conocí a Reinaldo Arenas?*, en los cuales el autor evoca, en el primero de ellos, la efímera vida de la mítica revista Mariel («En sus dos años de existencia, Mariel aglutinó en torno suyo numerosos creadores, sobre todo cubanos exiliados, pero también latinoamericanos y de otras culturas»), y en el segundo, sus recuerdos personales de Arenas: «Compartí con él momentos inolvidables, disfruté muchas veces de su sentido del humor y su poderosa capacidad para la fantasía, pero no puedo afirmar de manera inequívoca que conocí a fondo su personalidad ni todas las facetas de su carácter».

Una medida inexacta es un libro con una gran diversidad temática. Algunos de sus textos tienen profundidad académica; otros tienen el valor testimonial de quien vivió una parte de la historia reciente de Cuba. Ha hecho bien García Ramos en dejar constancia de aquellos terribles tiempos. Sobre todo ahora cuando muchos quieren que los olvidemos.

Reinaldo García Ramos nació en Cuba y radica en Estados Unidos desde 1980. Hasta 2001 vivió en Nueva York y fue traductor en las Naciones Unidas. Integró el Consejo de Dirección de la revista Mariel. Ha publicado los poemarios El buen peligro (Madrid, 1987), Caverna fiel (Madrid, 1993). Recibió en 2006 el Premio Internacional de Poesía Luys Santamarina–Ciudad de Cieza en Murcia.

RITA GEADA

ANTES DE QUE CAMBIE LA MAREA
−Una docena de poéticos cuentos−

Se ha dicho otras veces, pero no es ocioso repetirlo: el cuento, como género literario, está en desuso. Quienes así piensan sostienen que a las editoriales no les interesa; y afirman que el público prefiere obras de más largo aliento, como las novelas. Es un signo de los tiempos. Y de las tendencias: ahora están de moda las novelas históricas y las trilogías eróticas. Hoy día, Rulfo, Quiroga y Chejov, estarían recibiendo corteses notas de rechazo de las editoriales y habrían tenido que engavetar desencantados sus manuscritos. Y jamás sus cuentos hubiesen sido publicados.

Afortunadamente, hay excepciones. La editorial Alexandria Library, acaba de publicar aquí en Miami, *Antes de que cambie la marea*, una estupenda colección de cuentos de la escritora Rita Geada quien, después de mucho tiempo sin hacerlo, vuelve a incursionar en la narrativa. Sorprende este retorno porque cuando uno piensa en Rita Geada, piensa en la poesía. Y cómo no hacerlo si en su haber aparecen más de una decena de poemarios y un par de premios internacionales, el Carabela de Oro, que obtuvo en 1969 con *Mascarada*, y el Luys Santamarina, que le fue otorgado en 2001, por *Espejo de la tierra*.

Antes de que cambie la marea contiene doce relatos que, aunque sin una estricta homogeneidad temática, mantiene una serena uniformidad estilística. La mayoría de los textos son breves; como deben ser los cuentos. Pero la brevedad de éstos no es gratuita. Es evidente que todos parecen estar escritos siguiendo uno de las más importantes reglas del Decálogo de Quiroga: «Un cuento es una novela depurada de ripios». Es decir, argumentos relativamente sencillos, pocos personajes y una sola acción central.

El primero de ellos, que da título al volumen, está narrado en primera persona y comienza prometiendo ser un encuentro amoroso (en realidad, aunque de una extraña manera, lo es), pero termina siendo una inesperada metáfora de la soledad: «Sé que ayer te quedaste molesto porque no te complací quedándome más tiempo contigo. Por eso hoy me apresuré a desayunar, ponerme el traje de baño y crema bloqueadora de sol a fin de llegar puntualmente a la cita». Otros, muy pocos, están narrados en tercera persona; como el titulado *Relato de los ojos*, que se desarrolla en Buenos Aires y en el que la rutina diaria de una estudiante universitaria se ve interrumpida por un suceso inesperado: «Sobre el pavimento aún mojado por la reciente lluvia de septiembre, el cuerpo inerte de un joven se desangraba. Sí, era el mismo. Sus ojos bañaban por última vez el firmamento.»

Rita Geada no teme explorar los impredecibles caminos del amor y el desamor, tal como lo hace en el cuento *Flores en su tumba*, en el que un secreto guardado durante cuarenta años se descubre a través de una carta: «La vi sollozando muy conmovida; me le acerqué y traté de consolarla con pocas palabras. Entonces, cuando pudo escucharme, le conté mi sueño de la víspera. Visiblemente emocionada abrió el sobre que llevaba y me extendió la carta para que conociera su contenido».

Antes de que cambie la marea es un libro de cuentos en el que la poesía es una constante. Todos los relatos, aunque escritos sin excesos de adjetivos y utilizando sustantivos fuertes y precisos, están permeados de una leve y sosegada musicalidad poética. Algunas de sus historias reflejan situaciones personales de gran intensidad; otras son textos más reflexivos en los que se adivinan, mezclados con un poco de ficción, ciertos elementos autobiográficos. En fin: un gran libro de cuentos, repleto de vivencias y recuerdos, y contados con una prosa de lírica belleza.

Rita Geada, poeta, ensayista, narradora y crítica literaria ha escrito los siguientes poemarios: Desvelado silencio (La Habana, 1959), Cuando cantan las pisadas (Buenos Aires, 1967), Mascarada (Barcelona, 1970), Vertizote (New York, 1977), Poemas de New England (New Haven, 1988), Espejo de la tierra (España, 2001), así como Y el mar sigue batiendo (Buenos Aires, 2004).

LUIS F. GONZÁLEZ–CRUZ

FRENTE AL ESPEJO DE OLORÚN
–Final de una trilogía–

Hay historias tan extraordinarias y abarcadoras que son imposibles de contar en un solo libro. Es de ellas que nacen las trilogías. Algunas veces, el escritor lo sabe desde que comienza a escribirlas; otras, lo descubre al terminar de narrarlas. No sé si Luis F. González–Cruz lo supo desde el momento en que empezó a escribir su primera novela, *El arco iris de Olorún* (2005), o cuando la finalizó. Como quiera que haya sido, lo más probable es que cuando le resultó evidente que en la historia de Francisco Binerfa, el protagonista principal, había material para una trilogía, comenzó a trabajar en la segunda, *Las nalgas de Olorún*, que publicó en el 2010, y también en la tercera, *Frente al espejo de Olorún* (Ediciones Universal, 2013), que acaba de ser publicada y con la que cierra la trilogía.

En esta tercera parte, Francisco Binerfa, como si se tratase de una novela por entregas, continúa escribiendo las memorias que ya había comenzado en los anteriores libros. En esta ocasión cuenta con la ayuda de su editor quien, al margen del autor, se inmiscuye en el relato para aclarar, en forma de notas («No me corresponde a mi filosofar, sino editar, más no debo dejar pasar la oportunidad de un comentario que ayude a dilucidar los enigmas que Francisco va creando a través de su historia»), hechos que pudiesen resultar confusos para el lector.

Este recurso literario, al igual que el de incluir conversaciones telefónicas, misivas recibidas y hasta el texto de una obra de teatro a modo de conclusión, sirve para aligerar la tremenda carga expositiva que una novela con tantos personajes y situaciones complejas genera. Y aquí hay mucho de ambas cosas. Están los protagonistas: su hijo Mendel; su nuera Sandy; Dina, la madre de Mendel que vive en Cuba y siempre le ha asegurado a Francisco que Mendel es su hijo; Luz, su enloquecida joven esposa y madre de Cosme y Damian, sus hijos mellizos; Arminda, su nuevo amor, hija de Amanda (antigua amante de Francisco), y que pudiera ser su propia hija. Por estar, están también Bruna, la Santa Negra, su protectora (que se le aparece en sueños para aconsejarlo sobre sus problemas personales), y el Dios Supremo

Olorún, señor de los cielos en el panteón Yoruba, y a quien Francisco vuelve a encontrar (ya se le había presentado otras veces, una en el Estrecho de Magallanes y otra en la villa de Paranicota, en las cumbres andinas) en Colombo, Sri Lanka, durante una travesía en el crucero Queen Elizabeth II.

En realidad, es este viaje alrededor del mundo el que le permite al autor (quien también aprovecha para describir, con lírica belleza, las ciudades en las que el barco atraca) adelantar la trama sin necesidad de usar demasiadas escenas dramatizadas ni largos segmentos informativos.

Si González–Cruz hubiese intentando escenificar todo lo que ocurre en esta historia, hubiese necesitado mil páginas; y si hubiese tratado de contarla sin escenas ni diálogos, habría resultado más corta pero también sumamente aburrida. El resultado de esta combinación de técnicas literarias, la profundidad de los temas que se abordan y el inesperado y terrible final, hacen que esta novela cierre (es un decir, pues su final es abierto a cualquier posibilidad), de una manera magistral, la trilogía.

Frente al espejo de Olorún está escrita con el aliento de las grandes obras. Nada le resta universalidad: ni su diversidad estilística, ni su desbordada imaginación, ni su ocasional tono de paródica irrealidad. En la solidez de su estructura, en su fluidez argumental y en su depurada prosa, se nota el oficio del autor. Una estupenda novela; no hay otra manera de decirlo. Hasta el mismo Olurún estaría satisfecho con ella.

Luis F. González–Cruz, doctor en Literaturas Hispánicas por la Universidad Pittsburgh y Profesor Emérito de Penn State University, es narrador, poeta y crítico literario y de teatro. Su obra –que cuenta hasta hoy con quince libros– ha recibido numerosos reconocimientos, así como varios premios de poesía y narrativa.

JOSÉ M. GONZÁLEZ-LLORENTE

VISIONES DE LOS ÚLTIMOS DÍAS
—La leve fragancia de la despedida—

José Miguel González–Llorente ha sido –desde su jubilación como ejecutivo publicitario en 2001– uno de los más prolíficos escritores de Miami. En apenas un par de años publicó *La odisea del Obalunko* y *Tierra Elegida*, dos novelas en las que ya se vislumbraba –por el sorprendente aliento literario de las mismas– su compromiso con una vocación a la que, desafortunadamente, había llegado tarde en la vida.

Sin embargo, eso no impidió que en sus años dorados decidiese abrazar el oficio de escritor: el más solitario e ingrato de todos. Una prueba de su empeño creativo fue la publicación, poco tiempo después, de otros dos libros, *Reloj de sangre y otros relatos* y *La confesión del comandante y otras historias*, incursionando así en el género del cuento corto.

Además de la ficción, se aventuró también en el testimonio con *Mártir de Guaijabón*, y en lo documental con *Voces tras las rejas*. Era como si supiese que el tiempo no le alcanzaría para lo que ya comenzaba a ser una obra literaria de envergadura. Quizás por eso, *Visiones de los últimos días* (Ediciones Universal, 2011), el más reciente de sus libros de cuentos tiene –según sus propias palabras– «una leve fragancia de despedida».

En realidad, no todos los relatos están escritos con esa sensación de urgencia que se le atribuye a las despedidas. Algunos tienen, eso sí, el triste hálito de los adioses definitivos. Pero en la mayoría de ellos lo que se advierte, a pesar de sus diversos temas, estructuras y escenarios, es un tono de profunda reflexión sobre los misterios de la vida.

El primero de ellos, *El síndrome Ene*, abre con una visión apocalíptica: la humanidad ha comenzado a involucionar –por su falta de conciencia– hacia sus orígenes en el reino animal. Las mujeres comienzan a parir criaturas simiescas. Teresa, la protagonista, está a punto de dar a luz: «¿Es el bebé que se duerme o es mi cuerpo quien abandona la lucha?». Una cita bíblica de San Mateo es introducida: «!Pobres mujeres aquellas que en tales días están embarazadas!». Lo último que la pobre joven escucha en el salón de operaciones son estas palabras: «Ahora vas a sentir sueño... relájate... no pierdas la esperanza, Teresa». En otros, sus cuestionamientos son más crípticos. Como en el titulado *Tranquilo, Alejandro*, en el que un hombre comprueba que en su casa, en la que ha vivido toda su vida, están ocurriendo cambios. Primero los define «como una atmosfera, un creciente clima inquietante y ominoso»; hasta que aparecen las evidencias: «en las paredes comenzaba a notarse decoloraciones, surcos microscópicos y erupciones minúsculas semejantes a verrugas porosas». Al final, el hombre se va de la casa: «Y lo hizo con toda confianza. Sabía que alguien lo estaba esperando y guiaría sus pasos hacia su nueva casa. Una preparada especialmente para él y donde viviría mucho más que siete décadas».

Pero no todos los relatos de González–Llorente se enmarcan, como los anteriores, en el universo de lo profético y de lo fantasmagórico. Los hay profundamente personales y repletos de reminiscencias, como *Gracias por la música*, dedicado a su padre, y que comienza de esta nostálgica manera: «Revolviendo viejos papeles –para romperlos o para salvar algunos por un tiempo más– se me aparece esta breve carta que te escribí pocos meses antes de tu muerte y que mi madre me dio a guardar cuando ya ella solo deseaba reunirse contigo». Lo que sigue es una conmovedora historia familiar: «Yo todavía atesoro en una gaveta de recuerdos varias de las medallas que ganaste en concursos de piano cuando estudiabas en el Conservatorio Peyrellades de La Habana». O como en el titulado *Pensando en Simón, el de Cirene*, un cuento que escribió para su esposa Lili, y basándose en los evangelios de Marcos, Mateo y Lucas, en los que se menciona a Simón como la persona que ayudó a Jesús a cargar su cruz hasta el Gólgota. Ese relato termina cuando Alejandro, el personaje principal, le habla a Jesús: «Señor, si la voluntad del hombre fuera suficiente para decidir ser tu Cirene. Si mi voluntad bastara para quedarme allí hasta tu muerte. Y acercarme a tu cruz para mirarte a los ojos desde el suelo empapado de tu sangre». Solo para concluir diciendo: «Señor, sin ti no sabría ni siquiera morir».

José Miguel González-Llorente nació en La Habana, Cuba, en 1939. Publicitario de profesión, ejerció su carrera en Cuba, Venezuela, España, Colombia y Puerto Rico. En 1991 se residenció en Estados Unidos desde donde recorrió toda América Latina en tareas relacionadas con su oficio. Tras su jubilación se entregó a su vocación oculta: escribir. Murió en la ciudad de Miami.

JOSÉ GUERRA ALEMÁN

Cuba Infinita
–Una iconografía histórica–

El periodista cubano José Guerra Alemán acaba de publicar los tomos III y IV de *Cuba Infinita*, un ambicioso proyecto editorial que recoge la historia de Cuba, en fotografías, desde el período colonial hasta enero de 1959. Todas las fotos aparecen acompañadas de textos que aclaran los sucesos recogidos en las instantáneas. Comienza con la primera fotografía que se tomó en exteriores de la ciudad de La Habana, las Puertas de Monserrate, circa 1858, y termina con la última foto de Batista en Cuba, en los momentos en que se disponía a abordar el avión que lo llevaría al exilio en República Dominicana.

Cuba Infinita es una obra enciclopédica, tanto por sus 6,500 fotografías como por su elaborada edición de lujo. Es el compendio periodístico de una nación en imágenes. Es también, por la impecable redacción de sus textos, un homenaje al periodismo cubano de la época republicana.

No en balde José Guerra Alemán, en el prólogo, rinde tributo a algunos de nuestros más prestigiosos periodistas: Justo de Lara, Ramón Vasconcelos, José Ignacio Rivero, Jorge Mañach, Francisco Ichazo y Gastón Baquero, por solo citar a algunos.

Pero no son solamente los hechos históricos los que están recogidos en esta extensa iconografía, sino todos los aspectos de la vida ciudadana: artes, educación, deportes, eventos sociales, negocios y hasta hechos de sangre. Aquí aparecen desde grandes compositores sinfónicos como Amadeo Roldán y Caturla, hasta el «Chori», popular timbalero de la playa de Marianao, inmortalizado por Cabrera Infante en su novela *Tres tristes tigres*. Aquí están los artistas que visitaron la isla: Carmen Miranda, Edith Piaf, Nat King Cole, Cesar Romero, Los Chavales de España, Lucho Gatica, Libertad Lamarque, Pedro Infante, María Felix, Sara Montiel y muchos más. La lista, como sabemos, es interminable.

Aquí están también las fotos de los grandes centros docentes de la nación, desde la Universidad de La Habana hasta la escuela de los

Hermanos Maristas. Aquí están los campeones de boxeo, Chocolate y Gavilán, los lanzadores de Grandes Ligas Sandalio Consuegra y Conrado Marrero. Aquí están los clubes sociales, desde los aristocráticos hasta los de la clase obrera. Aquí están las grandes fábricas, desde las plantas eléctricas hasta las cervecerías.

Y aquí están, en dramáticas instantáneas, crímenes que conmovieron a la ciudadanía, desde el descuartizamiento de Celia Margarita Mena, hasta el tiroteo del Reparto Orfila. Es como la película *La Cuba de ayer*, solo que en fotos fijas.

Cuba Infinita comenzó, según su propio autor, como un simple libro de fotografías. Ese modesto proyecto editorial creció hasta convertirse en una monumental iconografía que pudiera llegar a ser un texto de consulta obligado para los estudiosos de la historia de Cuba.

Durante muchos años, José Guerra Alemán estuvo localizando material de archivo en distintos lugares, entre ellos la Biblioteca del Congreso y la Universidad Internacional de la Florida. Cuando ese proceso investigativo concluyó, debió entonces seleccionar entre decenas de miles de fotos las que finalmente aparecerían en el libro y ordenarlas de una manera cronológica.

Después, claro, tuvo que redactar los textos. Lo cual hizo con un riguroso sentido crítico y con su proverbial imparcialidad periodística. Sin agendas políticas ocultas. La historiografía cubana, amplia y meritoria, no está exenta de trabajos que en algunos casos, como en un juego de espejos múltiples, repiten los hechos históricos sin aportar nuevos datos.

Pero este no es el caso. Guerra Alemán utiliza toda la información a su alcance, pero le adiciona elementos anecdóticos para aligerar su tono ensayístico. Y lo hace como testigo de excepción pues, como periodista y cineasta, estuvo en el centro de la acción de grandes acontecimientos.

Cuba Infinita es un libro nacido del amor por la patria perdida. En sus páginas renacen, como testimonios de épocas pasadas, viejos daguerrotipos en sepia. Es el esperado rescate gráfico de la República que se nos fue. Un hermoso legado a las futuras generaciones. José Guerra Alemán nos deja, después de una vida dedicada al periodismo, una obra imperecedera.

José Guerra Alemán se inició en el periodismo como miembro de la redacción de El País, uno de los grandes periódicos de La Habana. Simultáneamente comenzó su carrera en el cine noticioso y documental. A los veinte años de edad se enroló en el

Octavo Ejército de Estados Unidos y combatió en el Pacífico. A su regreso a Cuba, fundó una compañía de cine que alcanzó un gran renombre en la isla. En 1958, después de subir a la Sierra Maestra y entrevistar a Fidel Castro, publicó el libro Barro y Cenizas, en el cual alertaba sobre los peligros que se cernían sobre Cuba. En 1959 marcha al exilio. En 1961 publicó en México el libro Aún hay luna en los cerros, donde también denunciaba los desmanes del comunismo. Murió en el exilio sin haber regresado jamás a Cuba.

FERNANDO HERNÁNDEZ

THE CUBANS: OUR FOOTPRINTS ACROSS AMERICA
–Cubanos ilustres de todas las épocas–

Desde que en 1849 la antigua y prestigiosa casa editorial inglesa A & C Black publicara su famoso *Who's Who* (con los nombres y una pequeña biografía de las más prominentes personas del país), publicaciones similares comenzaron a aparecer en otros países, tales como *Who's Who in Australia*, *Who's Who in France*, y *Canadian Who's Who*, por sólo citar algunas. De las naciones se pasó al *Who's Who* en las artes, los deportes, las ciencias, y en cientos de otras disciplinas. Nada malo en ello. Es bueno que se reconozca el mérito de los mejores ciudadanos de un país. Sobre todo, cuando se trata de inmigrantes que, con su esfuerzo y talento, han contribuido al desarrollo de su patria adoptiva, como se hace (sin la frívola connotación que acarrean los llamados *Who's Who*) en el libro *The Cubans: Our Footprints Across America* (Alexandria Library, 2013), del escritor Fernando Hernández.

No es la primera vez que Hernández rescata del olvido nombres de cubanos ilustres que, desde el siglo XIX, se han venido destacando en la música, la educación, los negocios y la política. Ya lo había hecho en su primer libro, *The Cubans: Our Legacy in the United States*, en el que aparecían las biografías de más de doscientos prominentes cubanos y cubano–americanos. En este segundo libro (escrito también, como el anterior, en inglés) la lista se amplía y aparecen nombres poco conocidos pero que han dejado su impronta en la historia, como el de las hermanas Sánchez (María Dolores, Francisca y Eugenia), quienes participaron en la Guerra Civil Americana como espías en el bando confederado y propiciaron la captura del USS Columbine, un barco de guerra de la Unión. O el de Justo Ángeles Azpiazu, conocido artísticamente como Don Azpiazu, quien con su Havana Casino Orchestra (cuyo cantante era Antonio Machín) viajó a Nueva York en 1930 y grabó *The Peanut Vendor* (El Manisero), de Moisés Simons, uno de los mayores éxitos en la historia de la música cubana en los Estados Unidos.

Una de las secciones de este interesante y valioso libro está dedicada a los más de catorce mil niños (entre las edades de 5 a 17 años) que, a través de la llamada Operación Pedro Pan (organizada por monseñor Bryan O. Walsh, Ramón «Mongo» Grau Alsina y su hermana Polita), llegaron a los Estados Unidos sin sus padres. Algunos de esos niños, ubicados en hogares sustitutos, orfelinatos y organizaciones católicas, estuvieron años sin ver a sus familiares. Hoy día, la mayoría de ellos son empresarios, como Armando Codina, presidente de una exitosa firma de bienes raíces; artistas, como Santiago Rodríguez, pianista graduado de Julliard School y Mario Ernesto Sánchez, actor, productor y director de teatro; políticos, como el ex senador federal por la Florida, Mel Martínez; militares, como el coronel de la Fuerza Aérea americana, Mario Goico, veterano con más de treinta y seis misiones de combate en la Operación Tormenta del Desierto; jueces, como Francisco F. Firmat, de la Corte Superior del Condado Orange, en California y Eduardo C. Robreño, juez federal de la Corte de Distrito de Pennsylvania; científicos, como el doctor Raúl Cano, reconocido investigador en el campo del DNA; embajadores, como Carlos Pascual, que fue representante de los Estados Unidos en Ucrania y Hugo Llorens, que lo fue en Honduras; sacerdotes, como Felipe de Jesús Estévez, Obispo de la Diócesis de San Agustín, Florida y Octavio Cisneros, Obispo Auxiliar de Brooklyn, New York; profesores, como Antonio Fernández–Vázquez, nombrado Profesor Emérito Asociado por la Virginia Tech Board of Visitors.

Además de la sección dedicada a los cubanos que llegaron a Estados Unidos en la Operación Pedro Pan, hay otras que se ocupan de los que arribaron en otras épocas y que igualmente se han destacado en sus distintas profesiones, como los conocidos empresarios Gus Machado, Felipe Valls y Remedio Díaz–Oliver; los periodistas Liz Balmaseda, Dan Le Batard y Carlos Alberto Montaner; los compositores Rudy Pérez y Desmond Child; y Eneido Oliva, uno de los jefes militares de la Brigada 2506 y general de división retirado del ejército de los Estados Unidos. Son muchos más; tantos que harían esta lista interminable. Pero todos, no importa en lo que se hayan destacado, son nuestro orgullo. Padres de familia y ejemplares miembros de sus respectivas comunidades que han dejado... *Our Footprints Across America.*

Fernando Hernández nació en Banes, Cuba, en 1952. Llegó a los Estados Unidos a través de la Operación Pedro Pan junto a su hermano mayor, Luis, cuando ambos tenían 9 y 11 años de edad, respectivamente. Es graduado de la Universidad de San Thomas, en Miami. Ha sido profesor del Everest Institue y de la Universidad Carlos Albizu. En español ha escrito los libros Potaje y Lo que aprendí de mi perro. Y en inglés, The Cubans: Our Legacy in the United States.

HUMBERTO LÓPEZ-CRUZ

GUILLERMO CABRERA INFANTE
—El subterfugio de la memoria—

No es que después de muerto los académicos estén redescubriendo a Guillermo Cabrera Infante. Ya lo habían descubierto en vida. Y sabían la importancia de su obra literaria. Por eso siempre la estudiaron con tanta profundidad intelectual y rigor crítico. Y lo siguen haciendo. Una prueba de esto es que el profesor Humberto López-Cruz, catedrático de la Universidad Central de la Florida, acaba de publicar, *Guillermo Cabrera Infante: el subterfugio de la palabra* (Editorial Hispano Cubana, 2009), un valioso libro que recopila más de una docena de ensayos sobre su obra. Los trabajos –escritos por profesores universitarios de Estados Unidos, Canadá, Costa Rica y Colombia– se ocupan de distintos aspectos de su legado literario.

Uno de esos ensayos, escrito por Carlos Cuadra, profesor de Stephen F. Austin University, trata sobre la poco estudiada incursión de Cabrera Infante en el género biográfico: «Que su obra esté plagada de biografías es un hecho fácilmente comprobable. *Mea Cuba* tiene una sección biográfica titulada *Vidas para leerlas*. Además, muchos de los otros artículos del libro son biográficos, como *El martirio de Martí*, *Vidas de un héroe* y *¿Quién mató a Calvert Casey?* El profesor Cuadra también señala cómo Cabrera Infante, a pesar de no tener una autobiografía la va escribiendo a través de los retratos de otros que «son un pretexto para escamotear un autorretrato».

Algunos de los ensayos recopilados tratan también sobre las reminiscencias personales de GCI y la ciudad de La Habana. Axel Presas, de University of South Florida, lo hace aproximando «de manera analítica las nociones de narrativa, ciudad y memoria para revelar los elementos estéticos que confluyen en la obra del novelista cubano». Para Nivia Montenegro, profesora de Pomona College, La Habana no solo está presente en toda la obra de este escritor, sino que penetra su visión de personajes arquetípicos de la época, se canaliza en el peculiar lenguaje de los habaneros de distintas clases sociales y diversos grupo raciales y se filtra también en la visión que proyecta de toda la isla». Ardis L. Nelson, de East Tennessee State University, se acerca al tema de una manera personal al recordar cómo en su última visita realizada a Cabrera Infante hablaron sobre la película *La ciudad perdida*, dirigida y protagonizada por Andy García y cuyo guión fue escrito por Cabrera Infante en 1990: «A la hora del té, cuando tomábamos un café con galletas, me fijé que allí en la mesita del centro estaba el video de la película. Él ya la había visto y parecía estar satisfecho con los resultados, pero dijo que nadie más tenía el derecho de verla hasta que no apareciera en la pantalla grande». Después de un minucioso análisis de la película y sus implicaciones literarias y políticas, la profesora Nelson termina diciendo: «El guión es un obituario, escrito sobre la tumba de La Habana, tal como la había conocido Cabrera Infante, y llevado a cabo por la lealtad de García a su herencia cubana y al muy admirado ídolo».

Es imposible, por su diversidad y extensión, enumerar todos los trabajos contenidos en este estupendo libro. Basta señalar algunos de sus títulos: *El archipiélago en Vista del amanecer en el trópico*, de Justo C. Ulloa y Leonor A. Ulloa, de Virginia Tech y Radford University, respectivamente; *Guillermo Cabrera Infante, la ensayística inestable*, de Francisco Rodríguez Cascante, de la Universidad de Costa Rica; *Abril es el mes más cruel* y *Los niveles ocultos de un espectacular suicidio*, de Mariela A. Gutiérrez, de University of Waterloo, Ontario, Canadá; y *La revolución de Lunes y Lunes de Revolución*, de William Luis, de Vanderbilt University.

Guillermo Cabrera Infante: el subterfugio de la palabra es un libro que, como explica Humberto López-Cruz en su introducción al mismo, «no pretende fundarse como una guía de estudios a la obra de Cabrera Infante, pero sí como una pluralidad de enfoques críticos sobre diversos aspectos que descuellan en su caudal literario». Podríamos decir también que, además de su impronta académica, el libro es una especie de homenaje póstumo a «nuestro escritor». A nuestro príncipe de las letras. A ese estandarte literario del exilio que nunca podrán arrebatarnos.

Humberto López-Cruz nació en La Habana, Cuba. Es profesor de español y Estudios Latinoamericanos en la Universidad Central de la Florida. Ha escrito los poemarios Rocallas del andén, Festinación y Escorzo de un instante. Ha escrito también los libros de crítica literaria Panamá, letras de hoy y Asedio a Panamá: su literatura. Es miembro de la Academia Norteamericana de la Lengua Española.

HUMBERTO LÓPEZ GUERRA

TRIANGULO DE ESPÍAS
–Cuba, Corea del Norte y Estados Unidos–

La novela de espionaje, como género literario, surgió a comienzos del siglo XX. Hay quienes consideran que *Enigma de las arenas*, de Robert Erskine Childers, publicada en 1903, fue la primera de ellas. Le siguieron otras, como *El agente secreto*, de Joseph Conrad, en 1907, y *Los treinta y nueve escalones*, de John Buchan, escrita en 1915. Sin embargo, no fue hasta después de la Segunda Guerra Mundial –y más aún con la llegada de la Guerra Fría– que el género verdaderamente despegó. Y lo hizo de la mano de John Le Carré, un ex agente de la inteligencia británica convertido en novelista que, utilizando sus experiencias como interrogador de desertores para el M–15 inglés, escribió *El espía que surgió del frío* (1965), quizás la más clásica de todas.

En aquellas novelas, tanto en las de Le Carré, como en las de Iam Fleming y Tom Clancy, los espías siempre pertenecían al M–16, a la C.I. A. y a la KGB. Ninguno era miembro de la Dirección General de Inteligencia de Cuba. Quizás haya sido porque ninguno de esos escritores pensó que un espía cubano, nacido y criado en el barrio de Jesús María, pudiese ser un personaje literario creíble. Así, mientras ellos seguían escribiendo novelas cuyos protagonistas eran espías ingleses y americanos, el escritor Humberto López Guerra publicaba su primera novela de espionaje, *El traidor de Praga* (Verbun, 2012), en la que sus personajes principales eran espías cubanos. Uno de ellos, Mario Paredes, era un agente de la inteligencia cubana destacado en Praga; el otro era Javier Puig, un cubano–americano miembro de la C.I.A. que ayuda a Paredes a desertar.

Después del éxito alcanzado con aquella primera novela, López Guerra regresa ahora con *Triángulo de espías* (Verbum, 2016), en la que Mario Paredes y Javier Puig se reencuentran dos décadas después y juntos vuelven a verse envueltos en una peligrosa intriga política. En esta ocasión, todo comienza con el asesinato de una joven rusa en Estocolmo: «No debía tener más de veintiocho años. Rubia y esbelta, podría haber pasado por la típica sueca de no ser por los pómulos de eslava y sus intranquilos y negros ojos de latina». Y he aquí, en estos dos rasgos físicos –pómulos de eslava y negros ojos de latina– donde aparece la conexión Rusia–Cuba que sustenta la trama. En realidad, la joven no era una prostituta de Europa del Este muerta por una sobredosis, como lo reportó la prensa cuando apareció su cadáver, sino Arina Alvarovna, hija de Álvaro Espinosa, un coronel cubano dispuesto a vender información secreta a cambio de asilo político.

Es a partir de esta escena que la novela arranca en toda su complejidad argumental. En cada una de sus cuatro partes (*La chica del Chat, Operación Aurora, El regreso y La huida*), López Guerra narra la historia a través de los personajes que va introduciendo: Gunnar Jansson, Comisario de la Policía Criminal de Estocolmo, empeñado en descubrir al asesino de Arina; Volodia Gólubev, antiguo oficial de la KGB, ahora envuelto en el tráfico de armas; Yisell, hija del coronel Espinosa, y que pretende escapar de la isla casándose con un español; José María Aranda, un empresario malagueño que hace negocios sucios con Cuba; David Y. Warren, jefe del Grupo de Análisis del Centro de Información de la CIA; el general Alejandro Rolón, jefe de la inteligencia cubana que trata de capturar al coronel Espinosa; Hee–Young, una espía norcoreana y Orazal, un agente de la contrainteligencia militar cubana que no es lo que parece. Y claro, Javier Puig y Mario Paredes, quienes tratan de exfiltrar al coronel Álvaro Espinosa antes de que sea capturado por la Seguridad del Estado cubana y poder acceder a la valiosa información que éste posee.

Triangulo de espías es una estupenda novela de espionaje. No encuentro una mejor manera de describirla. Está escrita con meticulosidad de artesano y en su trama, a pesar de que se abordan temas complejos como la venta ilegal de armas a países terroristas, no hay cabos sueltos. Al final, gracias a un inesperado *twist* argumental, todas las piezas caen en su sitio. Y todo en el marco de una trama en la que se ven envueltos los servicios de inteligencia de Cuba, Corea del Norte y Estados Unidos. Con esta novela, Humberto López ha vuelto a demostrar, como lo hizo en *El traidor de Praga*, que los espías no tienen que surgir del frío. Pueden venir desde el calor del trópico. En realidad, ya lo están haciendo. Después de todo, están a solo noventa millas de nosotros.

Humberto López Guerra, cineasta, periodista, escritor y guionista, comenzó su carrera cinematográfica en Cuba, desarrollándose posteriormente en Suecia, donde reside actualmente. Cursó estudios de dirección de cine en la Escuela Superior de

Arte Cinematográfico de Bablesberg, Alemania. Ha dirigido más de 20 documentales y series de televisión entre las que destacan, Federico García Lorca: asesinato en Granada y La Cuba de Castro

JACOBO MACHOVER

EL LIBRO NEGRO DEL CASTRISMO
–Testimonio del horror–

Cuando Stephane Courtois, director de investigaciones del Centre Nacional de la Recherche Scientifique de Francia, publicó en 1997 *El libro negro del comunismo*, el mundo se estremeció ante el número de víctimas que aparecían en el mismo: veinte millones en la Unión Soviética, sesenta y cinco millones en la República Popular China, un millón en Viet Nam, dos millones en Cambodia, un millón en los regímenes comunista de Europa Oriental y ciento cincuenta mil en Latinoamérica.

No faltaron quienes, enseguida, lo calificaron de exagerado y poco serio. En su afán por desacreditar la investigación de Courtois –y de paso contrarrestar la mala prensa que estaban recibiendo– los mismos intelectuales de izquierda de siempre publicaron *El libro negro del capitalismo*, en el que se le atribuían a occidente crímenes que no le pertenecían, como bien señaló Jean–Francois Revel en *La gran mascarada*, su famosa obra sobre el socialismo.

El debate, con el tiempo, fue desapareciendo poco a poco. Sin embargo, todos sabían que quedaban otros «libros negros» por escribir. Ahora, doce años después, Jacobo Machover acaba de publicar *El libro negro del castrismo* (Ediciones Universal, 2009), una obra que, aunque no proporciona cifras de muertos como la de Courtois, no deja de resultar aterradora en su carácter testimonial.

En efecto, aquí no se proporcionan estadísticas, sino historias reales: las de aquellos que sobrevivieron el horror castrista. Así, de una manera casi cronológica, van apareciendo los testimonios de los «presos plantados», como Mario Chanes de Armas, Ángel de Fana, Ernesto Díaz Rodríguez y José L. Pujals, quienes entre todos cumplieron casi cien años de prisión. O los de las heroicas presas cubanas, como Lidia Pino, María Cristina Oliva, Manuela Calvo y Carmen Arias, cuyas conmovedoras historias se leen con el corazón apretado en un puño.

El libro negro del castrismo no deja un solo crimen sin denunciar: los fusilamientos, los juicios arbitrarios, las agresiones físicas, los destierros vergonzosos, las autocríticas públicas y la huida desesperada de cientos de miles de personas. Aquí está todo: las redadas masivas, como la efectuada durante la invasión de Bahía de Cochinos, donde miles de personas fueron encarceladas en los fosos del Castillo del Príncipe o encerradas en los predios de la Ciudad Deportiva; el desplazamiento de los campesinos de la Sierra del Escambray –sacados a la fuerza de sus hogares– hacia el otro extremo de la isla en aquel siniestro engendro al que llamaron Ciudad Sandino.

Aquí está también, en la voz de sus sobrevivientes, el hundimiento del remolcador 13 de Marzo, quizás el acto más cruel y cobarde perpetrado por el castrismo. Uno de ellos, Sergio Perodín, vio ahogarse a su esposa y a uno de sus hijos. El otro, Jorge Antonio García, que a última hora no abordó el remolcador para cederle su puesto a otra persona, perdió a catorce miembros de su familia. Ellos cuentan que después del hundimiento, cuando ya habían sido llevados a la playa de Jaimanitas, algunos preguntaron, desesperados, por sus familiares. La respuesta no se hizo esperar: «Al que ustedes no vean aquí se lo comieron los tiburones».

Con esa infame frase, que es imposible leer sin que le tiemblen a uno las manos de rabia, podría haber terminado el libro. Pero, no. Jacobo Machover sigue adelante con sus denuncias y cubre también la crisis de los balseros, la precariedad de las asediadas bibliotecas independientes, el calvario de los periodistas condenados durante la llamada «primavera negra» y la silenciosa pero abnegada batalla de las Damas de Blanco en favor de la libertad de sus esposos presos. Son todos estos testimonios lo que hacen valioso este libro. Es probable que no llegue a alcanzar la repercusión internacional que alcanzó el de Courtois. No importa. Aunque una sola persona descubriese en sus páginas todo el horror de estos cincuenta años de dictadura castrista, habría cumplido su cometido.

Jacobo Machover nació en La Habana en 1954. Exiliado, vive en París desde 1963, donde ha ejercido el periodismo y la docencia. Entre sus libros publicados se encuentran los siguientes: Memoria de siglos, El final de de un mundo, el principio de una ilusión, La dinastía Castro: los misterios y secretos de su poder y La cara oculta del Che: desmitificación de un héroe romántico.

MARICEL MAYOR MARSÁN

TRILOGÍA DE TEATRO BREVE
–*Diversidad temática y tramas bien estructuradas*–

El teatro, al igual que la danza y la música, pertenecen al ámbito de las artes escénicas. Es considerado también, lo mismo que la novela, el ensayo y la poesía, un género literario. Sin embargo, las obras de teatro, aunque cuentan una historia, no son textos narrativos. No tienen, como las novelas y los cuentos, largos segmentos descriptivos. Son escritas para ser representadas. Es por eso que los dramaturgos tratan de capturar en sus obras la manera en que las personas actúan frente a otras personas, sin preocuparse mucho porque sus textos teatrales satisfagan a través de las acotaciones la imaginación del lector. Sí, del lector. Porque todavía hay quienes leen teatro. No son muchos; pero los hay. Tampoco son muchos los autores que editan sus obras, como Maricel Mayor Marsán, de quien acabamos de recibir, *Trilogía de teatro breve* (Baquiana, 2012), publicada en ocasión de las jornadas de micro teatro en el Centro Cultural Español.

El libro consta de tres obras de un solo acto cada una, tituladas *Abstinencia*, *Falso positivo* y *La marcha*. En la primera de ellas, cuatro personajes femeninos (una americana, una cubana, una colombiana y una española), a las que la autora solo identifica como «almas en pena», deambulan en la zona de los Everglades de la Florida donde fueron asesinadas. Las acotaciones sobre la escenografía (un pantano simulado, un sonido de agua y un efecto brumal), el vestuario (los personajes visten unas batas anchas y largas de color gris o negro), y el movimiento escénico (todas las almas en pena se levantan, se abrazan y comienzan a correr por el escenario, una detrás de la otra, en un semicírculo de cara a la audiencia, a manera de ritual repetido) aunque sencillas y breves logran transmitir la sensación de irrealidad en la que se desarrolla la acción. Pero son los diálogos (a través de los cuales los personajes van contando sus historias) los que sustentan la progresión dramática de la obra, que cierra muy visualmente cuando las cuatro almas en pena ejecutan una danza final y quedan mirando al vacío, mientras la luz sobre el escenario disminuye hasta quedarse a oscuras.

La segunda obra, *Falso positivo*, quizás la más lograda de las tres, se desarrolla en Nueva York. Los personajes son una madre hispana, obrera de una fábrica, criando sola a una hija que trabaja en una cafetería pero piensa ingresar en el ejército; y a un hijo que acaba de graduarse de High School y espera poder entrar a la universidad. El escenario es un pequeño apartamento pobremente amueblado; el vestuario es casual, a la usanza neoyorquina. En una obra breve como ésta no hay tiempo para redondear personajes ni suministrar detalles. Así, desde que abre el telón, aparece el conflicto cuando la madre implora: «!Dios mío! ¿Por qué me haces esto? » Mis hijos todavía me necesitan. !Ojala que todo sea una equivocación! !Que no sea verdad! !Dios mío, no me puedes hacer esto!. Las escenas que siguen (los hijos descubren que la madre ha sido diagnosticada con cáncer de seno) son conmovedoras. Unos diálogos sumamente reales, aunque no exentos de cierto dramatismo, hacen avanzar la obra hacia un final inesperado.

En la tercera obra, *La marcha*, de fuerte contenido social y político, Maricel Mayor traslada la escena hacia el Este de Los Ángeles, donde seis trabajadores indocumentados de un almacén de productos alimenticios discuten sus problemas personales, así como su situación legal con Larry, el americano dueño del almacén. El fantasma de la temida migra se cierne sobre todos ellos. Afloran sentimientos encontrados: maldad e ingenuidad; egoísmo y solidaridad; miedo y valentía. La única solución a sus problemas parece ser una marcha a favor de la reforma migratoria. Al final, todos se unen a ella.

En *Trilogía de teatro breve* hay diversidad temática, tramas bien estructuradas y escenarios simples que en caso de una representación facilitarían el movimiento escénico y agilizarían la progresión dramática de la obra. Y por último, unos diálogos ágiles y cadenciosos, cómodos para los actores y fáciles para los lectores. Sí, porque todavía hay quienes leen teatro; representación imaginaria le llaman. Primero leen la obra y después asisten a su puesta en escena, O viceversa.

Maricel Mayor Marsán es poeta, narradora, profesora y directora de redacción de la revista literaria Baquiana. Es también miembro correspondiente de la Academia Norteamericana de la Lengua. Ha publicado ocho libros de poesía y dos de teatro breve. Participó en la redacción de la Enciclopedia del Español en los Estados Unidos y ha editado varios libros de ensayos. Sus libros han sido traducidos al inglés, italiano y sueco.

CARLOS ALBERTO MONTANER

EL PRESIDENTE
–Un manual para electores y elegidos

De su época de profesor en la Universidad Interamericana de Puerto Rico, donde impartió clases durante más de cuatro años, Carlos Alberto Montaner siempre conservó su amor por la enseñanza. Es quizás por eso que, exceptuando los de ficción, muchos de sus libros fueron eminentemente didácticos. Y no me refiero a los de ensayo que son, en esencia, textos docentes, sino a los varios manuales que ha editado o escrito, como *El manual del perfecto sinvergüenza* y el *Manual del perfecto idiota latinoamericano*. En el primero de ellos, publicado en 1922 por el periodista cubano José M, Muzaurieta y reeditado por Montaner, se daban instrucciones de cómo triunfar en la vida pública aun siendo un político corrupto. Y en el segundo, escrito a seis manos con Plinio Apuleyo Mendoza y Álvaro Vargas Llosa, se analizaban las causas por las que los líderes tercermundistas de los años 1990 creían que el capitalismo era el culpable de todos los males de sus países. Ambos volúmenes, escritos con un poco de humor y en un tono casi paródico, describían la conducta que debían adoptar los aspirantes a la presidencia si querían alcanzarla.

Que es justamente lo que Montaner ha vuelto a hacer en *El presidente, manual para electores y elegidos* (Debate, 2017), su libro más reciente. La diferencia es que esta vez lo ha hecho en un tono más serio y remedando, de alguna manera, *El príncipe*, de Nicolás Maquiavelo, escrito hace cinco siglos y en circunstancias diferentes.

Maquiavelo escribió su famoso tratado con el propósito de enseñar a los príncipes de la época cómo gobernar sus estados y también, de paso y en una misma lección, cómo conservar el poder sin prestarle mucha atención a las consideraciones de carácter moral. Por su parte, Carlos Alberto concibió el suyo para que los presidentes de ahora aprendan cómo gobernar sus países; aunque respetando, desde luego, los valores de la democracia y la libertad.

A diferencia del libro de Maquiavelo, el de Montaner no está escrito como un ensayo, sino como una carta dirigida a un hipotético aspirante a presidente. Esto es evidente desde el comienzo del primer capítulo: «¿Le llamo Presidente? Le llamaré así a lo largo de este libro. ¿Ya lo es o quiere llegar a serlo? ¿Está seguro?». Después, en el mismo tono epistolar, le advierte que la política «es una tensa competencia que saca a flote lo mejor y lo peor de los seres humanos».

El libro está estructurado en cuatro secciones. La primera de ellas, titulada *Presidentes*, resume con sinóptica brevedad la diferencia entre príncipes y presidentes, las tareas intangibles de estos últimos, los entresijos de la estructura del poder y las ideologías. La segunda, –quizás la más importante– titulada *Cómo se llega a la presidencia*, analiza cada uno de los elementos que intervienen en el camino hacia los palacios (podrían ser el de La Moneda, o El Quemado, da lo mismo) y las casas (quizás la Rosada o la de Nariño; no hay diferencia), tales como las campañas electorales, la organización de partidos, la importancia de las encuestas y la imagen de los candidatos.

La tercera sección, *Cómo se es un buen presidente*, es la más extensa y contiene consejos sobre cómo formar el gabinete y sobre el espinoso asunto de la reelección. Sobre todo cuando llega el momento de decidir: «Bien, Presidente, ya pasó por la casa de gobierno y tiene deseos de volver a ocuparla». Reelegirse o no reelegirse, esa es la cuestión. Montaner, en su papel de asesor no se anda por las ramas y le advierte francamente: «Señor Presidente, esa tal vez no sea una buena idea».

Su cuarta y última sección concluye con una inteligente recomendación: «Hay ciertos pensadores y autores, Presidente, que cualquier político que tome en serio su oficio debe manejar con cierta soltura». La lista comienza nada menos que con John Locke, Jean–Jacques Rousseau, Adam Smith y temina con Robert Nozick.

El Presidente es un valioso libro de propósitos múltiples en el que Montaner no solo ha elaborado un manual para gobernantes del siglo XXI sino también una fórmula para que los electores sepan elegir buenos mandatarios. Leerlo es como asistir a una clase magistral sobre la democracia liberal, sobre los procesos electorales, sobre economía política, sobre la corrupción y sobre los peligros del camino marxista. ¿Alguna pregunta? ¿No? Hemos terminando. Pueden retirarse.

Carlos Alberto Montaner nació en La Habana y ha vivido en Madrid durante cuarenta años. Ha sido profesor universitario en diversas instituciones y es escritor y periodista. Varios diarios de America Latina, España y Estados Unidos recogen su columna semanal. Ha publicado una veintena de libros, que han sido traducidos al inglés, italiano, portugués y ruso. Es analista de CNN en español.

GINA MONTANER

LA MALA FAMA
—Crónica de una novela anunciada—

Los lectores de Gina Montaner (La Habana, Cuba, 1960) sabíamos que, oculta en el tono literario de algunas de sus mejores columnas periodísticas, germinaba una novela. En muchas de ellas –las más personales y reflexivas– creíamos adivinar posibles argumentos y personajes. Eran, por definirlas con un símil manido pero oportuno, como crónicas de una novela anunciada. Para los iniciados, las columnas que describían un atardecer mágico a orillas del Ganges no hacían otra cosa que anunciar un posible escenario. Aquellas que evocaban las tristezas de los inviernos madrileños, solo eran reflejos de los estados de ánimo de algún personaje. Y en las que se añoraba una adolescencia signada por el amor a la literatura, no veíamos más que las señales de una posible novela de iniciación. Solo era cuestión de tiempo. Y ese tiempo ha llegado para Gina Montaner con la publicación de *La mala fama* (Random House Mondadori, 2009), su *opera prima*.

Narrada en primera persona, *La mala fama* cuenta la historia de Andrea, una escritora frustrada que se siente atrapada en el cubículo de la editorial donde trabaja como lectora de «novelas escritas por mujeres para mujeres», un género que detesta. Su jefa, una versión española de Anna Wintour, no solo desalienta sus aspiraciones de novelista, sino que además se acuesta con Arieh, su marido. Hastiada de todo y tratando de salvar su matrimonio y su vocación de escritora, Andrea viaja a la India con Arieh, quien había sido contratado para filmar un documental sobre religiones orientales. Es allí, en Mumbai, donde Andrea descubre el sórdido secreto que su marido le ocultaba: «Al final de un angosto pasillo apareció la sombra de un hombre descamisado que intentó darle la espalda cuando ya era demasiado tarde. Era Arieh». Lo que Andrea descubrió en los oscuros laberintos de la zona roja Falkland Road le resultó insoportable. Esa misma noche, en un avión de Lufthansa con destino a Madrid, Andrea lloró por última vez.

Es a estas alturas de la novela donde Sandra, amiga de la infancia de Andrea, aparece. Bueno, es un decir, Sandra no aparece nunca. Lo que hace es regresar a través de la Internet para, como un fantasma del pasado, ayudarla a reencontrarse a sí misma: «¿Qué pasó con aquella jovencita impetuosa que en el colegio quería comerse el mundo? ¿La que parecía estar destinada a escribir y en algún punto del camino se cayó sin poder levantarse hasta el día de hoy?. Es en este momento donde también aparece Tomás Pineda, escritor de culto, autor de la serie «los poetas ambulantes», escapado de las garras de la Junta Militar Argentina y que refugiado en un pequeño pueblo español se negaba, como una versión porteña de Salinger, a conceder entrevistas. Es la enigmática Sandra la que pone a Andrea en contacto con Tomás Pineda: «Fue ella quien me mandó la primera entrega de los poetas ambulantes». Es también Sandra la que le abre las puertas del refugio del poeta maldito: «No era un pueblo con un encanto especial y en sus cuatro calles no existía ninguna plaza o edificio memorable, pero tenía la gracia de una localidad recoleta». Es al llegar a este pueblo cuando Andrea, además de descubrir la terrible historia de Sandra y Tomás Pineda, descubre también su propia vulnerabilidad. Y encuentra, de la más insospechada manera, su redención.

Esta es una historia de amor como pocas. Una historia de amor repleta de fracasos y desencuentros que solo alcanzamos a comprender en toda su dimensión cuando, en el capítulo final, todas las claves son reveladas.

Gina Montaner ha escrito una magnífica novela. No encuentro una manera más comedida de decirlo. Está construida con tal minuciosidad que su trama no admite cabos sueltos. Es por eso que uno siente que todo está en su sitio. Los párrafos, construidos con oraciones largas, medianas y cortas, poseen una cadencia musical que facilita su lectura. Y su prosa, aunque práctica y moderna, no está exenta de lirismo. Quizás esta no sea la novela «dura y provocadora» que Andrea, la protagonista, hubiese querido escribir. No es tampoco una de las novelas arlequín que ella tanto odiaba. En ella no hay mujeres que comen tierra ni curas que levitan. Es la que Gina Montaner, sin importarle «la mala fama» de las novelas escritas por mujeres para mujeres, nos ha regalado. En hora buena. Ya no tendremos que leerla, como si fuera una novela por entregas, en sus columnas semanales.

Gina Montaner (La Habana, 1960), es escritora y periodista. Ha sido productora en los informativos de Telemundo y de CNN. Estudió en Madrid y Nueva York. Desde hace años publi-

ca una columna semanal en diversos países de América Latina, Estados Unidos y España. En 2006 publicó Un día sin inmigrantes (Grijalbo). La mala fama es su primera novela.

ENRIQUE GUILLERMO MORATÓ

EL SUEÑO DE LA CALABAZA Y OTROS RELATOS
–Una vida en forma de sueños–

No se sabe con exactitud cuando comenzó a utilizarse la palabra cuento para definir un determinado tipo de narrativa. Se dice que una de sus primeras manifestaciones –en lengua castellana, al menos– fue un libro de relatos titulado *El conde Lucanor*, escrito por el infante Don Juan Manuel en el siglo XIV.

Ramón Menéndez Pidal, en el estudio preliminar de su antología de cuentos, también hace referencia a sus orígenes cuando dice: «A través de un lento pero firme proceso de transformación, la Edad Media europea traspasó a la Moderna el género cuentístico».

Como quiera que haya sido, lo cierto es que el cuento, además de ser uno de los más antiguos géneros literarios, es también uno de los más difíciles.

Los problemas técnicos –deben ser los mismos desde el medioevo– son muchos. Algunos de sus cultivadores los han señalado con anterioridad: brevedad de las descripciones, ausencia de tramas secundarias y pocos personajes. García Márquez lo resumió de esta manera: «El esfuerzo de escribir un cuento corto es tan intenso como empezar una novela».

Algo que no parece haberle importado al escritor cubano Enrique Guillermo Morató, pues acaba de publicar, *El sueño de la calabaza y otros relatos* (Ediciones Baquiana, 2010), un magnífico volumen de 24 cuentos que desafían todos los obstáculos vaticinados y por vaticinar.

El primero de ellos, que da título al libro, es uno de los mejores del volumen. En apenas doce páginas (primer problema resuelto: brevedad de las descripciones), Morató recrea la salida de Cuba del personaje principal (segundo problema resuelto: pocos personajes) por el puerto del Mariel. Desde el momento en que lo vienen a buscar («Ciudadano, uté etá autorizado a salir del país»), pasando por los trámites burocráticos en el tristemente célebre Abreu Fontán –antesala de la libertad él le llama– donde un funcionario debía autorizar su salida definitiva («En las manos de aquel hombre estaba mi destino, mi vida, la felicidad o la desgracia que me acompañarían por muchos años») hasta que llega a Cayo Hueso (tercer problema resuelto: ausencias de tramas secundarias) el relato transita con claridad expositiva entre una prosa llena de humor y diálogos creíbles e ingeniosos («Ciudadano –carajo con la palabrita– yo tengo orden de impedir que le agredan físicamente –dijo el soldadito– pero no puedo evitar que le griten cosas –No se preocupe –le respondí, no me importaría que me mentasen la madre, pues dentro de pocos días estaré con ella después de 12 años») y un rotundo sentido de conclusión: «Una mujer muy amable nos preguntó que antojo traíamos –Una Coca–Cola –dije yo– convencido de que cuando me bebiera aquel refresco habría recobrado para siempre mi irrenunciable libertad».

La mayoría de los cuentos del libro lidian con las angustias cotidianas de los cubanos en el paraíso socialista. En el titulado *Los muertos* –narrado como casi todos en primera persona– el personaje acude al velorio y entierro de su tío: «Cuando esa mañana contesté el teléfono –mi último vínculo con la tecnología occidental– no me sorprendió la noticia, pero me sobrecogió la idea de que la muerte hubiera ocurrido el 24 de diciembre, Nochebuena. Aunque ese día, borrado del calendario festivo por el castrismo, no se diferenciaba de los demás»

Lo que sigue es una odisea: dos horas para llegar en ómnibus del Vedado a Nueva del Pilar, problemas logísticos para bajar el ataúd desde un segundo piso con el balcón apuntalado; la noche en vela y sin café en una funeraria oscura y sucia. Y así hasta el final. El cuento termina casi de una manera cinematográfica cuando el personaje, a punto de abandonar Cuba, ve a su tía: «Yo pasaba en una guagua cuando la distinguí en la penumbra del pórtico de la iglesia. Sola, cansada y frágil, iba a mitigar su dolor frente a los santos, ansiosa del día que pudiera reunirse con sus muertos»

El sueño de la calabaza y otros relatos es un estupendo libro de cuentos. Todos están escritos con una prosa ágil que, aunque directa, está repleta de detalles. En ficción, no importa si es un cuento o una novela, el escritor debe ser específico para convencer al lector. Y Morató, lo es. Tan específico es, que uno sospecha que en sus cuentos hay más vivencias que imaginación. O lo que es lo mismo: una vida en forma de cuentos. Hasta en el título la realidad parece asomar. Y es que, después de todo, no es más que una traducción libre de *Pumkin's Dream*, el nombre del barco en que posiblemente salió de Cuba por el puerto del Mariel

Enrique Guillermo Morató (La Habana, 1936) es un escritor cubano residente en Miami. Aunque ha ejercido el magisterio, su verdadera vocación siempre ha sido la literatura. Ha escrito dos libros: El sueño de la calabaza y otro relatos (Ediciones Baquiana, 2010) y !Al carajo! (Alexandria Libray, 2016).

ALBERTO MULLER

RETOS DEL PERIODISMO
–Un manual de ética periodística–

El periodismo es un sacerdocio. La frase, no por manida es menos cierta. Los periodistas son pastores morales de su comunidad. Oficiantes de la verdad ciudadana. Clérigos de los desvalidos. Inquisidores de la venalidad. Azotes de los corruptos. En su decálogo profesional aparecen, como inviolables, los siguientes principios: veracidad, objetividad, imparcialidad, exactitud, integridad, compromiso con la libertad de expresión y condena de la calumnia y la difamación. Es decir, la ética como razón de ser. O lo que es lo mismo: una religión.

Que es la que ha estado practicando el periodista Alberto Muller desde su columna semanal en el Diario Las Américas, durante los últimos veinte años. Sin incumplir un solo *deadline*. Siempre a tiempo a la hora del cierre. Eso es constancia. Se dice fácil, pero son más de mil artículos. Los temas, variopintos, van desde la política hasta la cultura. Sí, muchos son sobre Cuba. Es cierto. Pero también los hay sobre problemas que atañen a toda la humanidad, como los que se ocupan del sida, el terrorismo o los ilegales. Por suerte, para aquellos que no los han leído, casi un centenar de ellos acaban de ser publicados por Ediciones Universal en el libro, *Retos del periodismo*, que fue presentado en la pasada Feria del Libro de Miami. Con prólogo de Helen Aguirre y epílogo de Carlos Alberto Montaner, fue el propio Muller el que seleccionó los artículos y los agrupó por categorías: *Cuba, Personalidades, Cultura, Historia, Economía, Política, Religión* y *Reportajes*.

Leyéndolos es posible comprobar, sobre todas las cosas, su ética periodística. Y su sensibilidad como ser humano. En el capítulo dedicado a la cultura y el arte los hay sobre Henry Cartier–Bresson, Wilfredo Lam, René Portocarrero, Carlos Enríquez, Susan Sontag, Albert Camus y Onetti. Hay también una sección en la que aparecen varias conferencias dictadas por el autor, entre las que cabe señalar: *José Martí, una vida sin acabamiento*; *Origen ideológico de la revolución cubana* y *Libertad de prensa en los Estados Unidos*.

Retos del periodismo es, más que un compendio de artículos periodísticos, un compendio de ideas. Se podrá estar en desacuerdo con algunas de ellas, pero nadie podrá negar la pureza con la que están concebidas. Ni el amor a la patria que las inspira. Sus juicios, a veces polémicos, aportan una nueva visión a la vieja problemática cubana. Pero todo desde su arraigado catolicismo. Por eso procura la unidad entre todos los cubanos: los de aquí y los de allá. Esa reconciliación nacional a la que todos aspiramos –más improbable cada día– y que él persigue con una determinación quijotesca.

Alberto Muller, que podría odiar como nadie, no alberga rencores. Estoy seguro que si los carceleros que lo golpearon salvajemente en el Presidio de Isla de Pinos –entre ellos el que a punta de bayoneta lo obligó a sumergirse en una zanja llena de excrementos– le pidieran perdón, él los perdonaría. En realidad, no hace falta que lo hagan; ya él los perdonó hace mucho tiempo.

Alberto Muller publicó sus primeros trabajos en el periódico universitario Trinchera, *del cual fue su director, y en el que ya en 1960 advertía sobre la infiltración de los comunistas en la revolución cubana. De la advertencia pasó a la acción. Al ser expulsado de la Universidad de La Habana fundó, junto a otros compañeros el Directorio Revolucionario Estudiantil (DRE). Algún tiempo después se alzó en armas en la Sierra Maestra. Al ser capturado lo sometieron, en la unidad de condenados a muerte de Santiago de Cuba, a la tortura del frío por congelamiento y a fusilamientos simulados. Pasó quince años en la cárcel. Salió al exilio en 1980.*

MIRTA OJITO

EL MAÑANA
–Al rescate de la memoria colectiva–

El 18 de marzo de 1980 el periódico Granma publicó un enorme titular que decía: «Todos mañana a la marcha del pueblo combatiente». Al otro día, un millón de cubanos desfilaba frente a la embajada del Perú gritándole a los que allí se encontraban refugiados: «Que se vayan los gusanos, que se vayan».

Había comenzado lo que se llegaría a conocer como «el éxodo del Mariel», uno de los episodios más vergonzosos de la historia cubana. Fue también el inicio de los llamados «actos de repudio»: el escupitajo como política de Estado.

Es imposible imaginar una degradación mayor que la de un pueblo capaz de perpetrar semejantes abusos. Han pasado veintiséis años de aquellos hechos, pero el eco de los insultos y los golpes todavía resuena en la memoria de los diez mil infelices que se hacinaban en la vieja casona de Miramar.

Acabo de leer *El Mañana –memorias de un éxodo cubano–* de la periodista Mirta Ojito y he escrito el párrafo anterior con dolor y vergüenza. Dolor, por las vejaciones y maltratos que sufrió su familia; vergüenza, porque fueron sus compatriotas quienes se los infligieron.

La odisea de la familia Ojito no es única. Aquellos que alguna vez atravesaron situaciones parecidas, recordarán con angustia sus propias experiencias. Muchos pudieron contar sus historias a parientes y amigos. Mirta Ojito ha logrado contárselas al mundo.

El Mañana –memorias de un éxodo cubano– es un libro escrito con la inmediatez del recuerdo en la memoria y con una minuciosidad narrativa pocas veces vista en un testimonio. Ojito ha sabido aprovechar su experiencia como reportera para estructurar armoniosamente una compleja historia. Que no es solo la suya y la de su familia, sino la de todo un pueblo. Una tarea difícil porque ¿cómo entrelazar los recuerdos de una adolescente con los dramáticos acontecimientos políticos que enfrentaron a Estados Unidos y Cuba? Sin embargo, Mirta Ojito lo logró a través de un extenso trabajo investigativo, entrevistando a personas que tuvieron una participación directa en los hechos y narrando en primera persona, su propia historia.

La obra nace de una imagen surrealista: un brazo prostético con uñas perfectamente delineadas. Mirta Ojito leyó la historia en The New Yorker. «¿A quién conocía yo que tuviese un brazo postizo», se preguntó. «!Al capitán del Mañana!»

Ese era el nombre del barco que había traído a su familia a Cayo Hueso cuando la embarcación que su tío había fletado para sacarlos de Cuba, se rompió en el Mariel.

«Tengo que encontrar al capitán», pensó. «Aunque solo fuese para darle las gracias». Así comenzó todo. Ella lo explica de esta manera: «Esa búsqueda se convirtió en el impulso que condujo a estas páginas, la historia de mi travesía –de pionera comunista con pañoleta y boina roja a refugiada mugrienta y empapada en los muelles de Cayo Hueso»

Después de tres años de estar buscándolo, Mirta Ojito encontró el Mañana. Estaba anclado en el Atracadero Municipal de Yates de Nueva Orleáns. No era el «yate grande, blanco, inmaculado, de líneas distinguidas y paneles de madera pulida», que conservaba en su memoria. El que tenía delante era un viejo remolcador con la pintura cuarteada y las junturas mohosas por fuera.

Pero no se desilusionó. También había encontrado a Mike Howell, su capitán. Todavía conservaba su brazo postizo. Y pudo, al fin, darle las gracias.

El encuentro le dejó más preguntas que respuestas. Eran preguntas honestas –y valientes– que no todos atreven a hacerse: «¿Por qué yo y miles de cubanos como yo nos enamoramos de la revolución? ¿Cuándo fue que todo se volvió insoportable? ¿En quinto grado, cuando me vi obligada a renunciar a Dios? ¿O cuando el gobierno admitió que había encarcelado a miles de hombres y mujeres solo porque se habían opuesto a la revolución? O tal vez fue mucho más tarde, durante mis últimas semanas en Cuba, cuando la violencia contra los que deseaban escapar no me había dejado otra alternativa que enfrentarme al rostro de un país, un pueblo, que ya no me reconocía».

Mirta Ojito ha escrito un libro de lectura obligada. No solo para los refugiados del Mariel, sino para todos los cubanos. Sobre todo para esos jóvenes recién llegados que cuando nos escuchan hablar del Mariel piensan que estamos hablando de una fábrica de cemento. Este no es un simple libro de memorias; es un libro que rescata, para la historia, una parte importante de nuestra memoria colectiva.

Mirta Ojito es una escritora y periodista cubana. Es autora de varios libros, entre ellos Hunting Season: Inmigration and Murder in an All American Town. Fue ganadora, junto a otros reporteros del New York Times por una serie de artículos sobre temas relacionados con los conflictos raciales en América. Estuvo entre el grupo de periodistas de Telemundo que ganaron un Emmy por la cobertura del Papa Franciso a Cuba. Fue profesora de periodismo en Columbia University.

YOLANDA ORTAL

CUANDO LLORAN LOS DELFINES
–Contundente y aleccionadora–

Muchos años antes de que las escenas de un grupo de hombres cargando una balsa por las deterioradas calles de Centro Habana rumbo al malecón (mientras el pueblo aplaudía desde los balcones) le dieran la vuelta al mundo, ya había cubanos cumpliendo sanción por intentar abandonar el país ilegalmente; sólo que en aquella época se les llamaba «lancheros» y se les sancionaba a seis años de privación de libertad por atentar «contra la estabilidad e integridad de la nación», ese engendro jurídico inventado por el régimen para poder convertir en enemigos del Estado a los que únicamente buscaban libertad.

A Fidel Castro no se le había ocurrido todavía abrir el puerto de Camarioca (mucho menos el de Mariel); el Memorando de Entendimiento entre La Habana y Washington, que dio origen a los Vuelos de la Libertad, no había sido firmado; y la hoy abusada Ley de Ajuste Cubano era apenas un borrador legislativo. No había cartas de invitación, ni cruces por la frontera; tampoco existían contrabandistas cubanos recogiendo gente a diez mil dólares por cabeza frente a las narices de los guardafronteras en Barlovento.

En aquellos años sesenta sólo era posible huir de Cuba de dos maneras: en lancha o por la base naval de Guantánamo. Que fueron las formas en que escaparon de la isla los protagonistas de *Cuando lloran los delfines* (Ediciones Universal, 2012), el más reciente libro de Yolanda Ortal Miranda.

En realidad, son dos libros en uno, pues las historias corresponden a *En noches sin luna* y *Arenas rojas*, sus dos novelas anteriores. En la primera de ellas, Victoria Gallardo y sus cuatro hijos (Rafael, Ignacio, Armando y Sergio) intentan abandonar el país en una lancha, pero son traicionados por Fidencio, el hombre que les servía de contacto con el pescador (casi siempre eran agentes de la Seguridad del Estado) que supuestamente los sacaría de la isla por cinco mil pesos y al que ni siquiera pudieron ver, pues fueron detenidos antes de llegar a la costa.

Lo que sigue es un detallado recuento de los vejámenes que sufrieron en la cárcel y de los que debieron soportar después cuando fueron puestos en libertad y trataron de rehacer sus vidas, sin derecho a reclamar la casa que dejaron y sin poder conseguir un empleo. Y así, hasta que tres de los hijos, Ignacio, Sergio y Rafael, escapan de Cuba nadando hasta la Base Naval de Guantánamo, donde rehacen sus vidas; sólo para regresar, veinte años más tarde, a bordo de una embarcación artillada a rescatar a la madre y al hermano que habían quedado atrás.

La segunda historia, aunque parece ser un texto independiente en el libro, está relacionada a la primera. Y es que la protagonista, Amalia, una profesora universitaria desencantada con el régimen, es sobrina de Victoria Gallardo, la abnegada y sufrida madre de *Noches sin luna*, quien siguiendo sus pasos también quiere escapar de la isla.

En este segmento, la autora describe con profusión de detalles las condiciones de vida en La Habana de 1993, durante el llamado Período Especial. Al fin, en unión de Maribel, su compañera y amiga en la Facultad, y de Gustavo, un antiguo condiscípulo universitario, escapan de Cuba a bordo de un barco pesquero que, después de ocho días de navegación, naufraga en medio de una tormenta y termina en un cayo abandonado donde los sobrevivientes, sin agua ni comida y enfrentando una muerte casi segura, logran salvarse al ser avistados por un avión de Hermanos al Rescate.

Cuando lloran los delfines es un libro escrito con un lenguaje fuerte y directo que atrapa al lector desde el inicio. Hay escenas, como la fuga a nado a través de las traicioneras aguas de la bahía de Guantánamo, que están repletas de una concentrada tensión dramática; otras, como la de la tormenta que hace zozobrar la embarcación en la que escapan Amalia, Maribel y Gustavo, están contadas con el mismo horror de las historias reales que le hemos escuchado a los que han sobrevivido la peligrosa travesía. Una estupenda novela: contundente y aleccionadora.

Yolanda Ortal Miranda es Profesora Emérita de The College of Saint Rose, en Albany, New York. Estudió Filosofía y Letras en la Universidad de la Habana y continuó sus estudios especializándose en Literatura Española e Hispanoamericana en The State University of New York. Ha escrito, además, Un punto que se pierde en la distancia (finalista del premio Letras de Oro de la Universidad de Miami) y Balada sonámbula. Murió en la ciudad de Miami.

OSCAR F. ORTIZ

EL ELEGIDO
–Entre la fantasía y la realidad–

Se ha dicho muchas veces, pero no es ocioso repetirlo: las novelas policíacas no han gozado nunca de una verdadera tradición literaria en lengua castellana.
La verdad es que tampoco las de espionaje, a las cuales les ha resultado difícil encontrar un nicho entre los lectores hispanos.
Es que son dos géneros difíciles y no son muchos los escritores que lo han cultivado.
Los pocos que lo han hecho han debido inventar sus propios personajes. Como Manuel Vázquez Montalbán, creador del detective gallego, Pepe Carvalho. O como Roberto Ampuero y su investigador privado Cayetano Brulé, que deshace entuertos en la ciudad de Valparaíso. O Lorenzo Silva, en cuyas novelas el sargento de la Guardia Civil, Rubén Bevilacquea, investiga políticos corruptos en la Cataluña de hoy.
Y claro, el escritor cubano americano Oscar F. Ortiz y su investigador privado, Román Negrón, una mezcla híbrida de Sam Spade y Phillip Marlowe que persigue criminales en Miami.
Pero Román Negrón no es el único personaje que ha creado Ortiz. También le ha dado vida a Patrick Coonan, el agente secreto con licencia para matar de su serie *Archivo Delta*, que hasta la fecha –con el telón de fondo de la Guerra Fría primero, y con el de la lucha contra el terrorismo después– está conformada por ocho novelas, entre ellas *La Trampa, La cuadrilla, La batalla de Goliat, El bazar de los horrores y La cola del alacrán.*
Sin embargo, al parecer, Ortiz ha decidido abandonar por un tiempo las novelas de espionaje y adentrarse en las de ciencia-ficción.
Una prueba de ello es su nuevo libro, *El elegido* (Wolfgang Books, 2019), en el que describe una sociedad futurística donde la medicina y la tecnología, en manos de un cirujano loco, servirían para esclavizar a la humanidad a través de un gigantesco conglomerado científico, Taurus Corporation, especializado no solo en cateterismos, reparación de válvulas y trasplantes de corazón, sino en algo más siniestro.

La historia está contada en tercera persona, pero desde el punto de vista narrativo de Paul Bernal, un joven recién graduado en medicina, que ha sido contratado por el presidente del conglomerado, el doctor Bauer, para participar en un proyecto médico secreto.

Pero en Taurus Corporation las cosas no son como parecen. Al joven Bernal, como al personaje de Tom Cruise en la película *The Firm*, le ofrecen saldar su deuda estudiantil, le brindan un salario anual de seis cifras, le pagan dos meses por adelantado y lo mudan a un apartamento de lujo.

Y todo esto, ¿a cambio de qué?

Es lo que pronto Paul Bernal descubre. A partir de ahí, después de una revelación espeluznante, las cosas se complican y la trama acelera su ritmo hacia un final en el que no hay cabos sueltos y todo cae en su sitio.

El elegido es una novela muy bien escrita, tan minuciosa en sus descripciones que sus capítulos pueden ser visualizados como si fuesen las escenas de una película. De ciencia ficción, sí; pero con un trasfondo de humana realidad entre el bien y el mal.

Oscar F. Ortiz (Cuba, 1959) es creador de la serie Archivo Delta y fue ganador del Único Accésit en el concurso Premio Internacional de Cuentos Enrique Labrador Ruiz 2006, con su cuento La culpa fue de Hammett. También resultó finalista en el concurso Taller de Escritores de Telemundo de 2006. Ha trabajado como guionista independiente para los estudios de Cubana de Televisión, en Miami, y colaborado en los seriales policíacos El jaguar y Lin Yan, el detective chino, de C de TV.

RODOLFO PÉREZ VALERO

HABANA–MADRID
–Del infierno al paraíso–

Escribir una novela en primera persona es una tarea difícil para cualquier escritor. Los problemas son múltiples: un solo punto de vista narrativo, confusión entre la voz autoral y la del protagonista, vocabulario uniforme y limitaciones en el tiempo y espacio de la historia. Sin embargo, hay algunas que no pueden ser escritas de otra manera. Es el caso de *Habana–Madrid* (Plaza Editorial, 2012), del escritor cubano Rodolfo Pérez Valero, ganadora en España del primer premio del Concurso Internacional de Novela Voces del Chamamé. Y es que si esta novela hubiese sido escrita en tercera persona (o en primera pero con la utilización de artilugios estilísticos) habría perdido la fuerza de su inmediatez testimonial y no hubiese tenido el mismo impacto emocional.

Habana–Madrid ha sido catalogada como «la historia de un amor pasional entre un hombre que ha vivido durante años sin compartir con nadie sus dudas y desilusiones sociales y una muchacha sincera y apasionada que lo cuestiona todo». Y lo es. Solo que enmarcada en los sórdidos escenarios del llamado «período especial» cubano. Sus protagonistas principales, el hombre que no compartía sus dudas (un analista de inversiones que mientras sueña con un auto Lada debe pedalear la ciudad para llegar a su oficina) y la muchacha sincera que lo cuestiona todo (recién graduada de economista y decidida a combatir la corrupción), atrapados en el laberinto de incivilidad y degradación en el que viven, tratan desesperadamente de no ser vencidos por la frustración y la desesperanza. Y es precisamente esa lucha de los personajes por su supervivencia, tanto física como moral, la que sustenta la trama de esta magnífica novela. Una novela que en manos de un escritor con menos oficio, habría sido una más de las tantas que se escribieron a finales de los años noventa en el marco del llamado «realismo sucio».

Y no es que Pérez Valero esquive la realidad en que malviven sus personajes; no. Aquí está relatado todo: prostitucion, alcoholismo, hambre y miseria. Solo que contado con una prosa tan depurada que hasta las escenas más humillantes resultan dignificadas: «Arrastrar el pie derecho, luego el izquierdo –¿cien personas más?– bajo el sol de la sofocante tarde habanera. Es la cola. Me irritaba no solo el despojo de mi tiempo, sino tanta palabrería insulsa que debía soportar. Y mi impotencia hallaba leve consuelo en los rostros de los otros, incapaces, como yo, de asimilar que sería así hasta el fin de nuestros días». Todas las escenas están narradas con la misma calidad literaria; hasta las más escabrosas: «La destreza de Betty era innata. Provenía del natural patrimonio femenino sobre la cultura sexual. Me dejé ir hacia ella y se entregó con la ceremoniosidad de los hechos trascendentes. Y yo fui cayendo en su dulce trampa. Porque toda Betty, esa tarde, me enardecía no solo los sentidos; también el alma»

Habana–Madrid es, como su título sugiere (aunque también podría referirse al pasaje aéreo que anhela el protagonista) un homenaje a esas dos ciudades. En el caso de La Habana, a través de su nostálgica recreación: «La seducía con mi experiencia sobre una ciudad anterior, ignorada por ella, veinteañera nacida en Isla de Pinos cuando ya había sido rebautizada como Isla de la Juventud. Le conté lo que había visto y escuchado de mis mayores, le conté de cómo demolieron el Palacio de los Deportes para edificar el Havana Riviera, y ahí antes de la heladería Coppelia estaba el Club Nocturnal y antes el hospital de Nuestra Señora de las Mercedes, y el cine Yara se llamó Wagner y después Radiocentro, ahí exhibieron el Cinerama, ¿el Cinerama? tres pantallas unidas que te rodeaban...». Pero a la joven revolucionaria no le interesaba el pasado; ella había nacido entre la suciedad y el deterioro: «Quizás recibía mis actos de ilusionismo como una película mal contada, pero para mí esos inventarios de ausencias definitivas certificaban las amputaciones que habíamos recibido La Habana y yo».

Y en el caso de Madrid, no por su recreación sino por su descubrimiento. Al final, el personaje logra salir de Cuba en una misión comercial: «Los primeros días en Madrid me maravillaba ante todas la elecciones que podía hacer. Acciones sencillas, mínimas para un madrileño, como elegir su pasta de dientes entre diferentes marcas, sabores y tamaños, eran gigantescas, avasalladoras para mí, acostumbrado a décadas alternando un solo tipo de pasta con ninguna. La diversidad me aturdía, me sobrepasaba, en cierta medida, me paralizaba». En Madrid se pondría en contacto con su tía Andrea y su primo Julio. La escena es conmovedodora: «Y entonces, inexplicablemente, yo me eché a llorar. Lloré, lo supe al instante, porque de una manera irracional experimentaba una emoción que había perdido quién sabe en qué momento de mi pasado».

Habana–Madrid es un libro que atrapa al lector en la primera página y no lo suelta hasta la última; y al que no parece faltarle ni sobrarle una palabra. Una estupenda novela. Ni la sordidez del «período especial» logra despojarla de su conmovedora humanidad.

Rodolfo Pérez Valero (La Habana, Cuba) comenzó su carrera literaria escribiendo novelas policíacas, entre las que se destacan No es tiempo de ceremonias, Confrontación *y* El misterio de las Cuevas del Pirata. *Ha ganado en cinco ocasiones el Primer Premio de Cuento de la Semana Negra de Gijón. Tiene una Maestría en Español de la Universidad Internacional de la Florida. Actualmente trabaja en la televisión hispana en Estados Unidos.*

JULIO PINO MIYAR

LA ESPLÉNDIDA CIUDAD
—Una colección de ensayos literarios—

La Ciudad, así con mayúscula, debe ser La Habana. No podría ser otra. Y sí, es espléndida. Todavía lo es; aun en ruinas. Pero *La espléndida Ciudad* (Betania, 2011), del ensayista y narrador Julio Pino Miyar no es, a pesar de su título (una probable alusión al famoso poema de Rimbaud, *Adiós*), un libro sobre la ciudad de La Habana (aunque cierra con un hermoso texto sobre ella), sino una estupenda colección de ensayos literarios que van desde *Don Quijote* («Cervantes, como su célebre Caballero de la Triste Figura, era un hombre hambriento de gloria y renombre personal»), hasta la concepción de lo «real maravilloso» de Carpentier («¿En qué radica lo insólito y lo extraordinario de América Latina, para que un importantísimo escritor lo convierta en un lugar de promisión en su literatura, y de paso nos propusiera la peregrina idea de lo «real–maravilloso?», y sin dejar de analizar *Memoria de mis putas tristes* de García Márquez, «una novela que nos ha llegado como invaluable regalía de los tiempos prostimeros de un genio literario».

En total son 19 textos: breves y de temas diversos. Y todos escritos con una prosa conceptual y expositiva que es, a la vez, ligera y amena. Así, en el primero de ellos, titulado *El escritor, el compromiso y el mundo*, Pino Miyar no duda en dejarnos saber su interpretación personal sobre el tema: «El significado social de la obra de arte, como el reconocimiento explícito de aquello que el hombre es ante los suyos, cobra una importancia que trasciende el marco de las relaciones habituales del artista con su obra». Para concluir diciendo: «El compromiso no es otra cosa que la forma más temible, acaso la más bella, que tiene el artista para decidirse a fijar para siempre, y entre nosotros, su residencia en el mundo»

En otro de los ensayos, como el titulado *La familia de los escarabajos*, se ocupa del pensamiento de autores como Malraux («que tuvo la pretensión de narrar, desde los límites mismos que trazaban su soberbia plenitud, lo que hay de impensado, extraordinario y no dicho en los grandes procesos libertarios del siglo XX) y Kafka («quien solo logró narrar la dolorosa crónica de una condena, porque lo que hay de universal e imperecedero en su literatura es la historia de un profundo fracaso humano»).

Así mismo, los poetas Herman Hess (*El lobo estepario*) y Federico Holderlin (*El único y Patmos*), le sirven de referente para, en su ensayo *Poetas de Alemania*, adentrarse en la poesía germánica: «La mayor parte de las veces, Alemania será la tierra fértil de la subjetividad, la nación de la más esmerada espiritualidad».

En *El ideal de la filosofía*, siguiendo con el método de las contraposiciones, parte de las teorías de Federico Hegel (*Fenomenológicas del espíritu*) y Ludwig Feuerbach (considerado el padre intelectual del humanismo ateo y autor de *La esencia del cristianismo*), para terminar concluyendo que «la tarea de la filosofía debe estar dirigida al mejoramiento progresivo y delicado del ser humano».

Por su amplitud temática, *La espléndida Ciudad* es un libro ambicioso. Una prueba de ello es la profundidad de algunos de sus textos. En *El bosque helado*, por ejemplo, partiendo de *Los cuentos de hadas* de los hermanos Grimm, «leyendas que se presentan al lector moderno como puras narraciones fantásticas», Pino Miyar descubre ocultos componentes religiosos.

Hay otros de complejidad similar, como *El pensamiento crítico–filosófico de Carlos Marx*, pero es imposible enumerarlos todos. Sin embargo, ninguno de ellos descansa en extensas bibliografías ni agotadoras citas textuales, sino en sus propias reflexiones. Como si el autor quisiera iniciarnos, sin excesivos reclamos, en el maravilloso mundo de las ideas.

Julio Pino Miyar. Ensayista y narrador cubano, vive en Estados Unidos desde 1987. Actualmente reside en la pequeña localidad sureña de Longwood, Florida. Colabora periódicamente con distintas publicaciones internacionales. En 1995 fundó en Miami la revista literaria Los conjurados. Sus trabajos han sido recogidos en varias antologías.

JORGE POSADA

CULOS HABANEROS
–Retrato de una ciudad y una época–

Se ha dicho muchas veces pero no es ocioso repetirlo: el título de un libro, para que sea bueno, debe llamar la atención y ser fácil de recordar. Es decir, debe tener garra. Muchos la obtienen por su armónica sonoridad, algunos porque tienen una cierta belleza poética y otros por su irreverencia. En realidad, los mejores son aquellos que poseen un poco de todo: cadencia, hermosura y atrevimiento. Como el del nuevo libro del escritor y periodista Jorge Posada, titulado *Culos habaneros* (Editorial Hypermedia, 2017), que acaba de salir a la venta.

Desde un punto de vista editorial, es posible que este título no haya sido el más adecuado. Quizás otro menos explícito habría resultado más conveniente; pero no hubiese sido lo mismo. Es por eso que Posada insistió en que se usara *Culos habaneros*, que era el que había escogido desde que comenzó a escribirlo. Y tenía razón. Este libro, escrito con el desenfadado lenguaje popular de las noches habaneras de los años 1970, no podría haber sido titulado de otra manera sin que perdiese su criollísimo desparpajo.

El primero de los tres cuentos que lo componen y que da título al libro, sienta su tono anecdótico. Al comenzar, a través de una serie de reminiscencias personales, el autor se lanza en una lírica celebración del cuerpo femenino con la que prepara al lector para lo que sigue: la historia de una ardiente cita amorosa entre dos estudiantes de la Alianza Francesa. El barrio del Vedado es el telón de fondo del encuentro: «En H, le pasamos por al lado al parque Víctor Hugo y en J a la iglesia San Juan de Letrán». Los bares del área son sus escenarios: «Pacho Alonso llenaba el Scheherezada, a Doris de la Torre la veneraban en el Karachi y Bola de Nieve cantaba como nunca en el Monseñor». La caminata nocturna los lleva al bar Sirena del Hotel Nacional. Era La Habana de 1971 y la cita termina en la posada de 11 y 24: «Pregunté quién era el último y un flaco metralloso gritó: Soy yo. El último aquí».

En el titulado *Tiroteo en Radiocentro*, narrado con el peculiar lenguaje de los habaneros de la época, el personaje principal se considera a sí mismo un agravio a la moral revolucionaria: «Tenía puesto un saco de pana negro que me robé al descuido en el Festival de la Canción de diciembre del setenta y un par de mocasines carmelitas de piel de cochino que mataban canallas». Todo comienza en un ómnibus de la ruta 68: «Se llamaba Regla Xiomara; pero del apellido no me acuerdo. Desde que la vi en la guagua en que atravesábamos el Vedado, tres cosas de ella me llamaron la atención: el olor a bebé tierno que salía de su piel y la insolencia de su cara que resultaba insoportablemente irresistible». Y termina en el cine Radiocentro: «Ya le habían cambiado el nombre para Yara pero yo me negaba a decirle así. Esa noche pasaban *El coraje del pueblo*, de Jorge Sanjinés, la peor película de la historia del cine. '¿De qué es?', me preguntó, y con la cara más dura que pude encontrar le respondí: 'Es buenísima; de guerra'. La noche prometía».

El último de los relatos, *El amanecer más bello del mundo*, es tal vez el más autobiográfico de todos. Es evidente, por las meticulosas descripciones, que en esta historia hay más realidad que ficción. Sin la complacencia con la que suelen abordarse las confesiones, el narrador recuerda una etapa de su vida que lo marcó para siempre: «En esa época hacía poco que había empezado a trabajar como traductor de francés en el Instituto de la Pesca». Así, lo que comienza como una historia trivial de simpáticas situaciones en un marco de camaradería laboral, termina siendo el retrato de un país que se hundía, entre alcohol y sexo, en la desesperanza. Es también, a pesar de su aparente ligereza temática, el de más profundidad sicológica del conjunto. Aun en las escenas más eróticas, los personajes no dejan de ser tridimensionales. Todos. Hasta Amapola García, la protagonista femenina, que «parecía una maggiorata italiana (más Giuseppe De Santis que de Botticelli)» pero que termina engañando al esposo en una noche de copas y boleros.

Culos habaneros es un estupendo libro de cuentos repleto de guiños literarios y cinematográficos que rescata, a través de los recuerdos y de un lenguaje lleno de sugerencias, no solo una ciudad sino toda una época.

Jorge Posada nació el 29 de noviembre de 1947 en La Habana, Cuba. Abandonó los estudios secundarios y se alistó en la Fuerza Aérea de su país. Año y medio después lo arrestaron y fue acusado de desertor. Al salir liberado descubrió la literatura a través de la lectura de decenas de autores diferentes. Pertenece a una generación a la vez ávida y frustrada a la que, como él mismo ha confesado, Beny Moré, Elvis Presley, William Faulkner y Guillermo Cabrera Infante pero, sobre todo, los Beatles marcaron para siempre. Ha publicado cuentos, entrevistas, artículos, criticas y reseñas literarias en periódicos y revista de Inglaterra, Estados Unidos y España. Desde hace más de veinte años trabaja como traductor de inglés en el diario El Nuevo Herald.

JOSÉ IGNACIO RASCO

ACUERDO, DESACUERDOS Y RECUERDOS
–Una vida al servicio de la libertad y la democracia–

A José Ignacio Rasco se le puede describir de diferentes maneras: como abogado defensor de causas justas; como brillante periodista en el periódico Información; como fundador del Partido Demócrata Cristiano de Cuba; como el hombre que en agosto de 1961 interrumpió el discurso del Che Guevara en la sesión plenaria del Consejo Interamericano Económico y Social que se celebraba en Punta del Este, gritándole: «¡Asesino!»; o como el que increpó a Fidel Castro durante la II Cumbre Iberoamericana de Jefes de Estado y de Gobierno, que se llevó a cabo en Madrid en julio de 1992. Se le podría recordar también como el cubano bueno y decente que es; demócrata cabal, católico ferviente y cristiano de corazón.

Por eso ha hecho bien el Instituto Jacques Maritain y Ediciones Universal en publicar el libro *Acuerdos, desacuerdos y recuerdos* (Universal, 2012), en el que se recogen varios de sus textos, entre ellos una extensa semblanza de Fidel Castro (de quien fue condiscípulo), así como una entrevista que la doctora Silvia Pedraza, profesora de la Universidad de Michigan, le hizo en 1998 y en la que Rasco, al contestar las preguntas, hace un minucioso y honesto repaso de su vida, desde su nacimiento hasta sus ya largos años de exilio.

En Acuerdos, desacuerdos y recuerdos, quizás no estén los trabajos periodísticos más enjundiosos de José Ignacio Rasco; pero sí algunos de los más importantes desde un punto de vista histórico y testimonial. Aquí está la carta abierta que Rasco, en su condición de presidente del Movimiento Demócrata Cristiano, le dirigió a Fidel Castro en diciembre de 1959, rechazando las acusaciones de «latifundistas y politiqueros» que éste, con su natural disposición al insulto personal y siguiendo su plan de desmantelamiento de la estructura política de la nación, le hiciera a los miembros de dicha organización.

Cuatro meses después de la publicación de esa carta, Rasco tuvo que pedir asilo político en una embajada y abandonar el país para siempre. El Movimiento Demócrata Cristiano no tuvo la más mínima oportunidad de sobrevivir. Nació condenado a muerte. Y es que mientras Rasco soñaba con un partido político que, a través de los principios de la democracia cristiana, pudiese encaminar el país por un camino de libertad y justicia social, Fidel Castro solo aspiraba a consolidarse en el poder.

En este libro también está la respuesta a una pregunta que algunos se han estado haciendo durante mucho tiempo: «¿Era comunista Fidel Castro en 1959?». La respuesta de José Ignacio Rasco es categórica: sí lo era, Y cuenta cómo Fidel le confesó haber tomado varios cursos sobre Marx, Lenin y Hegel, en las oficinas que el Partido Socialista Popular tenía en la céntrica Avenida de Carlos III, en La Habana.

Rasco está convencido que en 1959 Castro puso en práctica lo aprendido en el libro *Qué hacer*, de Vladimir Ilich Lenin, una especie de guía en materia de organización, estrategia y táctica partidista. Es así como queda descartada la teoría de que Fidel se convirtió en comunista obligado por las circunstancias (o como una vía de perpetuarse en el poder), cuando lo cierto es que ya en los primeros meses del triunfo de la revolución comenzó a entregarle a los comunistas cubanos el control de los órganos de la Seguridad del Estado. El resto es, como se dice, historia.

En el libro aparecen también, además de la entrevista de la doctora Pedraza y la semblanza de Fidel, otros textos que no dejan de ser importantes, como el publicado en la revista Bohemia el 6 de diciembre de 1959, sobre el V Congreso Internacional de la Democracia Cristiana, que se celebró en Lima ese mismo año, y en el que Rasco detalla los fundamentos de dicho movimiento; o como el que apareció en el periódico Prensa Libre, en marzo de 1960, titulado *La razón de ser de la Democracia Cristiana*, que resultó ser profético, y en el que pedía una clarificación en las posturas de las organizaciones políticas y cívicas cubanas «frente a los acontecimientos que como confusa avalancha se precipitan a diario»; o como la transcripción de su comparecencia en el canal 13 de Argentina, en agosto de 1962, titulada *El comunismo está a nuestras puertas*, en la que pedía ayuda para defender los amenazados principios de la civilización cristiana–occidental en América Latina.

Sí, ha hecho bien el Instituto Jacques Maritain y Ediciones Universal en publicar este libro. Un merecido homenaje a un cubano ejemplar que ha luchado toda su vida por la libertad y la democracia, no solo en su país, sino en todo el continente americano.

José Ignacio Rasco nació en La Habana, Cuba. Estudió en el Colegio Belén y Derecho y Filosofía y Letras en la Universidad de

La Habana. Fue fundador en 1959 del Partido Demócrata Cristiano. Es autor de numerosos ensayos, entre los que sobresalen Hispanidad y cubanidad y Jacques Maritain y la Democracia Cristiana. Ha sido merecedor de varios premios periodísticos, como el Sergio Carbó y el José Ignacio Rivero. Fue galardonado con la orden Isabel la Católica por su defensa del idioma español. Fundó y dirigió por muchos años el Instituto Jacques Maritain de Cuba. Falleció en Miami el 19 de octubre de 2013.

JOSÉ CONRADO RODRÍGUEZ

SUEÑOS Y PESADILLAS DE UN CURA EN CUBA
–Un libro valiente y repleto de verdades–

El jueves 5 de febrero de 2009, el padre José Conrado Rodríguez, una de las voces más críticas del gobierno cubano dentro de la Iglesia Católica, le escribió una carta abierta a Raúl Castro que comenzaba así: «Estimado señor presidente, hace quince años me atreví a escribirle al entonces jefe del Estado cubano, doctor Fidel Castro Ruz, por aquel entonces presidente de nuestro país. La gravedad de aquella hora me lo impuso como un deber para el bien de nuestra patria. La gravedad de esta hora me impone escribirle a usted para hacerle partícipe de mis preocupaciones actuales. ¿Debo acaso describirle la situación de nuestro país?» Claro que no hacía falta. Pero aun así, a pesar de la retórica implícita en la pregunta, el padre José Conrado se la describió: «Las dificultades de cada día se tornan tan aplastantes que nos mantienen sumidos en la tristeza y la desesperanza».

Desde luego, nunca recibió una respuesta. Lo que sí recibió fue, algún tiempo después, una orden de traslado de su parroquia de Santa Teresita de Jesús, en Santiago de Cuba, a la de Trinidad, en el centro de la isla. Sin embargo, el cambio de iglesias no logró que abandonara su actitud crítica ante la situación que vive el pueblo cubano; solo que no volvió a escribir cartas abiertas. En su lugar, escribió un libro, *Sueños y pesadillas de un cura en Cuba* (Ediciones Universal, 2017), que acaba de salir a la venta.

Con un prólogo de monseñor Felipe Estévez Montero, Obispo de San Agustín, el libro comienza como uno de memorias: «Nací en el seno de una familia cubana de clase media, en junio de 1951. Por parte de padre, de abuelos canarios, venidos a Cuba a principios de siglo. Mi madre venía de una familia de origen catalán». Y sigue con el ofrecimiento de su consagración a Dios a cambio de la recuperación de un primo enfermo: «El Jueves Santo de 1963, recé de verdad por primera vez y le ofrecí mi vida a Dios. Fue como un trueque 'salva a mi primo, que yo te entrego mi vida'. Dios me oyó y yo le cumplí». Un año después entró al Seminario.

Y es aquí, en el Seminario de San Carlos y San Ambrosio, cuna de los más importantes intelectuales y pedagogos del siglo XIX, donde comenzaron los sueños del padre José Conrado cuando se hizo cargo, junto a sus compañeros seminaristas, de la formación de todo el laicado oriental mediante los Cursillos Teológicos que ellos mismos redactaban. Ya ordenado, otros sueños le siguieron, como cuando asumió la atención pastoral de los hospitales de Santiago de Cuba, el Oncológico, el de Maternidad Obrera y el Infantil.

Las pesadillas comenzaron en 1980 con los sucesos de la embajada del Perú: «Fidel había dicho que dejaría salir a todo el que quisiera, pero lo que no dijo es que les atacarían con perros, que los golpearían, que les asaltarían sus casas, que obligarían a los vecinos y a los compañeros de trabajo a enfrentarlos como verdadera jauría humana». Y siguieron con los horrores del Período Especial cuando la nación cubana, entre la represión y el hambre, se adentro aún más en la desesperanza.

En otro de sus capítulos, el titulado *La Iglesia del futuro*, el Padre José Conrado reflexiona sobre el tema y esboza un proyecto de reforma para la misma. Le sigue una larga entrevista de la periodista Nora Gámez (El Nuevo Herald, viernes 24 de abril del 2015), donde dice que «la Iglesia necesita ser más audaz» y reconoce que «en Cuba hay una crisis de espiritualidad». Y cierra con un emotivo artículo sobre la «capilla de los milagros», que se encuentra en el Santuario de Nuestra Señora de la Caridad del Cobre.

Sueños y pesadillas de un cura en Cuba es un libro valiente y repleto de verdades. Es también un libro lleno de esperanzas. Denuncia pero reflexiona. Acusa pero tiende puentes. Ha hecho bien el padre José Conrado en escribirlo. Este libro vale mucho más que una carta abierta al tirano de turno.

El padre José Conrado Rodríguez nació en junio de 1951 en la ciudad de San Luis, Oriente, Cuba. Ingresó al Seminario San Carlos y San Ambrosio en 1964 y doce años después, el 5 de junio de 1976, es ordenado sacerdote por su obispo, monseñor Pedro Meurice. En su trabajo 40 años de sacerdote en la Cuba de los Castro se revela su vida, sus esfuerzos por evangelizar y su celo apostólico.

ENRIQUE ROS

CUBA: MAMBISES NACIDOS EN OTRAS TIERRAS
–Solidaridad en la manigua–

Lo sabemos desde la escuela primaria: en las luchas por la independencia de Cuba participaron muchos extranjeros. Los libros de historia siempre mencionaban –recuerdo aquel dibujo en el que aparecía desembarcando en la bahía de Cárdenas con la primera bandera cubana en la mano– al venezolano Narciso López. También hacían referencia a las nacionalidades de algunos generales, como el polaco Carlos Roloff y Henry Reeves, el inglesito. Y sobre todo a la del más insigne, el generalísimo Máximo Gómez, dominicano de nacimiento y cubano de corazón.

Lo que no sabíamos los niños de entonces –ni algunos adultos de ahora– es que fueron muchos, muchos más, aquellos a quienes Enrique Ros, en su nuevo libro llama «mambises nacidos en otras tierras». Y son esos muchos, desconocidos en la mayoría de los casos, los que Ros rescata para la posteridad.

Cuba: manbises nacidos en otras tierras (Ediciones Universal, 2011), es un libro que necesitábamos. Y es que los datos de ese aspecto de nuestra historia –el aporte de extranjeros a las luchas independentistas– se encontraban dispersos a lo largo de nuestra extendida historiografía. Es cierto que algunos autores se habían ocupado de ellos, pero nunca con la profundidad y el alcance que lo hace Enrique Ros en este libro.

Ya en el primer capítulo, titulado *De la anexión a la independencia,* se advierte que la estrategia del autor será destacar la participación de extranjeros en determinados hechos históricos. Es así como, mientras se relatan las invasiones de Narciso López (la primera en mayo de 1850 a bordo del vapor Creole; la segunda –interceptada por las autoridades americanas– en el vapor Cleopatra y, la tercera, en agosto de 1851, esta vez en el Pampero, que logra llegar a tierra cerca de Bahía Honda en Pinar del Río) conocemos los nombres, no solo de los venezolanos Idelfonso y Francisco Urdaneta que lo acompañaron en aquella gesta, sino de los estadounidenses que fueron ejecutados al fracasar la invasión: coronel William Logan Crittenden, capitán Víctor Kerr y los tenientes Thomas C. James y James Branda.

A este primer intento libertador le siguieron varias conspiraciones, entre ellas (otra vez los extranjeros), la del catalán Ramón Pintó; la de «Soles y Rayos de Bolívar», que aunque dirigida por los cubanos José María Heredia y Miguel Teurbe Tolón, contaba también con la participación del colombiano José Fernández Lamadrid, el ecuatoriano Vicente Rocafuerte, el peruano Manuel Lorenzo Vidaurre y el argentino José A. Miralla; y la conocida como «La gran Legión del Águila Negra», auspiciada entre otros, por Guadalupe Victoria, el primer presidente de México.

Así hasta llegar a la guerra del año 1868, donde aparecen por primera vez los dominicanos Máximo Gómez, Modesto Díaz y los hermanos Marcano. Y a la del año 1895, donde junto a los hermanos Maceo, brillaría también el catalán José Miró Argenter, el dominicano Marcos del Rosario y el estadounidense Charles Gordon.

La lista de todos los extranjeros que combatieron junto a los cubanos sería interminable. Es por eso que Ros elabora esta especie de resumen multinacional: «de Colombia, tres alcanzaron el grado de general de brigada; de Venezuela, ocho ganaron el grado de generales. Uno de Chile; y seis de República Dominicana tuvieron en sus hombros las estrellas de generales brigadieres; de Puerto Rico contamos con un mayor general. Con iguales grados tuvimos un mayor general y un brigadier de Estados Unidos, y una decena nos llegó de España entre mayores generales, generales de división y brigadieres. Los tuvimos también de Canadá, de Francia, de Polonia y de México». Y a continuación, Ros se lanza a relacionar los nombres y las acciones de cada uno de ellos, en lo que constituye el mayor esfuerzo realizado hasta ahora por documentar, de una manera integral, la participación de extranjeros en la independencia de Cuba.

Cuba: mambises nacidos en otras tierras, es un valioso libro que recoge en un solo volumen datos que, por mucho tiempo, estuvieron dispersos –a veces recogidos como simples anécdotas– en textos de historia de carácter general. Es valioso, además, porque pone en manos de los futuros historiadores, la posibilidad de hacer justicia. Estos hombres, que tanta solidaridad nos brindaron en la manigua, no deben ser olvidados: son «mambises nacidos en otras tierras».

Enrique Ros nació en 1924 en Cienfuegos, Cuba. Fue dirigente de la lucha contra Castro en el clandestinaje como líder del Frente Revolucionario Democrático. Fue también uno de los fundadores del Movimiento Demócrata Cristiano. En el exilio, ya acreditado en los Archivos Nacionales de Estados Unidos y en los de varias bibliotecas presidenciales como las de Kennedy y Nixon, se dedicó a recopilar documentos, entrevistas y materiales inéditos que le permitieron publicar numerosos libros sobre la historia de Cuba y sobre la lucha del pueblo cubano contra la dictadura castrista. Falleció en Miami el 10 de abril de 2013.

ARNOLDO TAULER

BATALLA CONTRA EL ECLIPSE
¿Realidad fantástica o fantasía real?

«El presidente de los Estados Unidos de Norteamérica, George Herbert Walker Bush, se detuvo en el análisis del valioso expediente que en ese momento leía para pensar que, de una orden suya, dependían la vida de millones de personas». Es así como comienza, *Batalla contra el Eclipse*, (PR Ediciones, 2012) la más reciente novela del escritor cubano Arnoldo Tauler. En realidad, no era el contenido de ese *top secret file* (los datos de Aurora, el nuevo avión espía que sustituiría al Black Bird SR–7) lo que le preocupaba al presidente Bush, sino la reunión que estaba a punto de iniciarse en el *Cabinet Room* de la Casa Blanca y donde lo esperaban James Baker III, Secretario de Estado; Richard Cheney, Secretario de Defensa; Brent Scowcroft, asesor para Asuntos de la Seguridad; Nicholas F. Brady, Secretario del Tesoro; y William Webster, director de la Agencia Central de Inteligencia. Era la primavera de 1989, Irak preparaba una invasión militar al Emirato de Kuwait y la Guerra del Golfo estaba a punto de comenzar.

No es la primera vez que Tauler encuentra en la historia ideas para sus novelas. Ya lo había hecho en *La noche de los escorpiones*, que tenía como telón de fondo la II Guerra Mundial, y como premisa argumental, la posibilidad de que Adolfo Hitler hubiese escapado del Bunker cuando Berlín estaba rodeado por el Ejército Rojo. También lo hizo en *El general Sombra*, cuando utilizó como base para su trama el famoso juicio contra el general cubano Arnaldo Ochoa. En esta ocasión, sin embargo, lo que ha hecho es unir tres historias en una (dos de ellas se desprenden de las anteriores: la caza de criminales nazis y la participación de Cuba en el narcotráfico), de manera que terminen por formar parte de un todo en el que, realidad y ficción, se desdibujan entre los hechos históricos y la desbordada imaginación del autor.

Estructurada en tres planos de narración, *Batalla contra el Eclipse*, avanza alternando los capítulos, como si fueran independientes. Y uno no puede dejar de preguntarse: ¿Qué relación puede existir entre la inminencia del comienzo de la operación Desert Storm, una compañía distribuidora de puré para niños (empresa pantalla de la National Security Agency) y el enigmático ingeniero israelí Abel Chamik, miembro de la Mossad judía? ¿Entre la supersecreta Omega Agency, la fuerza motriz detrás del llamado Nuevo Orden Mundial y Odessa, la organización de los antiguos miembros de la SS alemana? ¿Entre Francis Miller, un experimentado agente de la CIA que organizó el grupo de militares dominicanos que ajustició a Trujillo, y el doctor Wilfred Wagner, un médico austriaco que viaja a Bolivia en busca de Karl Tooter, un criminal de guerra nazi que se ocultaba en ese país? ¿O entre Duke Larrent, un oficial de la inteligencia estadounidense (especie de James Bond newyorkino), y el capitán del ejército de Cuba, Jorge Martínez Valdés, implicado en el tráfico de drogas, y a quien Larrent planeaba secuestrar? Sin embargo, todas esas preguntas van siendo contestadas a medida que la novela avanza. Y es que todas esas historias, a pesar de su sorprendente complejidad, terminan por estar conectadas unas con otras. Al final, todas las piezas –aquí no hay cabos sueltos– caen en su sitio.

Batalla contra el Eclipse es una obra ambiciosa y monumental que se desplaza –laberíntica y alucinante– entre la novela histórica y la historia novelada. En un caso, con su correspondiente dosis de ficción; y en otro, con una considerable cantidad de datos reales. Es esa dualidad genérica, a medio camino entre Dan Brown (maestro de la minuciosidad narrativa), Umberto Eco (obsesionado con las confrontaciones religiosas y las conspiraciones mundiales) y John Le Carré (el escritor de espionaje por excelencia), lo que la convierte en un interesante híbrido literario: la objetividad de un libro de historia y la desenfadada ficción de un thriller con garra.

ArnoldoTauler es Licenciado en Letras Hispanas. Ha escrito varias novelas, entre ellas El caracol manchado, Quetzal y Los centinelas de la aurora, así como los libros de cuentos La sangre regresada y El pescador de fantasías. También ha escrito libros de ensayos (Técnica artística de cine y televisión) y testimonios (Las ideas no se matan). Algunos de sus textos han sido traducidos al inglés, francés, portugués, ruso y alemán.

ZOÉ VALDÉS

LA MUJER QUE LLORA
–Premio Azorín 2013–

Después de tres años de silencio, Zoé Valdés regresa con una nueva novela, *La mujer que llora*, y se alza con el Premio Azorín 2013, uno de los más importantes de España. No es la primera vez que Zoé obtiene un galardón literario; ya lo había hecho en 1995 al ganar el de Novela Breve Juan March Cencillo con *La hija del embajador*. Un año más tarde, resultó finalista en el Planeta de 1996 con *Te di la vida entera*, y en 1997 se llevó el Liberatur por *La nada cotidiana*. En el 2003 le tocó el turno al Fernando Lara por *Lobas de mar* y en el 2004 al de Torrevieja por *La Eternidad del instante*. Hubo otros: eran de poesía y de cine, cuando Zoé todavía engarzaba endecasílabos y escribía guiones; pero son tan antiguos que quizás ni ella misma los recuerde.

Galardones aparte, lo primero que hay que decir es que *La mujer que llora* (Planeta 2013) es una estupenda novela en la que Valdés vuelve a utilizar el mundo del arte (lo hizo antes en *La cazadora de astros* y *Una novelista en el Museo del Louvre*) como referente argumental. En esta ocasión, el telón de fondo es el surrealismo; un movimiento artístico y literario surgido en Francia en los años 1920 en torno a la personalidad del poeta André Breton y del que también formaron parte Pablo Picasso y su amante Dora Maar, ambos protagonistas de la novela. En realidad, más que Picasso y los surrealistas, es Dora, su historia, la que sustenta toda la trama. Sobre todo su enfermiza relación con el genio malagueño y que Zoé reconstruye a partir de un viaje a Venecia emprendido en 1958 por Maar en compañía de sus amigos James Lord y Bernard Minoret, a quienes Valdés entrevistó en París poco antes de que murieran.

La novela, escrita desde diferentes puntos de vista narrativos, se mueve entre el pasado y el presente sin que se noten, por los sutiles recursos de transición empleados, los cambios de escenarios. Así, del Buenos Aires de principios del siglo XX donde Dora pasó su niñez (su padre, un arquitecto croata se trasladó a la capital argentina con su familia por motivos de trabajo) pasa al París de los años treinta donde conoció a Picasso (antes había sido amante de Bataille) en la terraza del Café les Deux Magots en Saint–Germain–des–Prés durante el famoso episodio de la auto mutilación: «Abrí mi bolso, extraje el cuchillo de punta afilada. Posé mi mano izquierda todavía enguantada y repujé el contorno con la punta del chuchillo en la madera de la mesa». Picasso, al ver el guante ensangrentado, no pudo menos que sentirse impresionado ante la inesperada boutade. Sin embargo, a pesar de que Dora ya era una conocida fotógrafa, no sabía quién era. Fue su amigo, el poeta Paul Èluard, quien los presentó. A partir de ese día, Dora se convirtió, no sólo en la amante y en la musa de Picasso, sino también en su víctima. Y es que a su lado, Dora dejó de ser ella misma para convertirse en la sombra del Gran Genio, esclava de su obra (documentó con su cámara todo el proceso creativo de Guernica) y de su amor. Hasta que, a causa de los abusos y humillaciones que sufrió («Me utilizó hasta que supuso que ya no quedaba nada de mí que él pudiera explotar y sojuzgar»), terminó descendiendo a los infiernos de la locura. Fue Picasso el que la recluyó, con la ayuda de Èluard y el doctor Lacan, en el hospital Saint–Anne, donde la sometieron a numerosas sesiones de electrochoques. Después de esa terrible experiencia nada volvió a ser igual.

La mujer que llora es una novela narrativamente compleja. No sólo por las diferentes técnicas literarias utilizadas, sino también por su implícita intertextualidad. Sin embargo, a pesar de su intrincada estructura dramática, la autora logra alcanzar un preciado equilibrio entre los segmentos reflexivos (Dora en Venecia, inmersa en sus reminiscencias personales) y los que a través de elementos biográficos (su vida entera), hacen avanzar la historia. Ya al final de la novela, Dora, rescatada para la posteridad por la literatura, deja de ser la figura trágica y distorsionada que aparece llorando en los lienzos de Picasso y recupera, al fin, su verdadera condición de ser humano. Pura justicia poética.

Zoé Valdés (La Habana, 1959), estudió Filología en la Universidad de La Habana. Ha publicado siete volúmenes de poesía, y desde que diera a conocer su primera novela, Sangre azul (1993), ha publicado una larga decena de novelas ampliamente reconocidas internacional, entre las que sobresalen, La nada cotidiana (1995; Premio Liberatumpreiss); La hija del embajador (1995; Premio de Novela Breve Juan March, Te di la vida entera (Finalista del Premio Planeta 1996), Lobas de mar (Premio de Novela Fernando Lara 2003) y La eternidad del instante (Premio Ciudad Torrevieja 2004). Su obra ha sido traducida a más de veinticinco idiomas, con una extraordinaria acogida por parte de los lectores y de la crítica,

JOSÉ RAÚL VIDAL

JOSÉ MARTÍ
—A la lumbre del zarzal—

Sobre José Martí se ha escrito mucho. Creo que no hay un sólo aspecto de su vida y de su pensamiento que no haya sido analizado. Al parecer, nada ha quedado sin escrutar. De lo personal (desde su nacimiento en la casa de la calle Paula hasta su muerte en Dos ríos) se han ocupado, en esencia, sus numerosas biografías y semblanzas; de lo demás (de todo lo demás) se han hecho cargo los cientos de textos especializados sobre su poesía y su prosa, sobre su trayectoria revolucionaria y política, así como los dedicados a su formación patriótica, a su hondo sentido de la ética, a su arraigado americanismo y a su condición de arquitecto de la república.

La lista de los historiadores y ensayistas que han escrito sobre Martí es interminable: Emeterio Santovenia, Jorge Mañach, Carlos Ripoll, Feliz Lizaso y Octavio Costa, por sólo citar algunos. Y me pregunto: ¿cuándo dejarán los cubanos de escribir sobre Martí? No lo sé. Es probable que nunca dejen de hacerlo. Cuando uno cree que ya todo ha sido escrito, aparece algo nuevo. Y es que siempre hay una manera diferente de acercarse a su universo. Una prueba de ello es el libro *José Martí: a la lumbre del zarzal* (Editorial Homagno, 2014), del joven ensayista José Raúl Vidal, que acaba de salir a la venta aquí en Miami.

Estructurado en tres secciones con catorce epígrafes, el libro se acerca a Martí desde una perspectiva cristiana. Así, utilizando el tema del sacrificio, el autor descubre en los *Versos sencillos* un vínculo entre el símbolo de la cruz y su inmolación final: «Cuando al peso de la cruz/ el hombre morir resuelve, / sale a hacer el bien, lo hace, y vuelve/ como de un baño de luz». En ese mismo tenor y siguiendo con las simbologías, nos muestra la esencia de los conceptos del deber y el sacrificio a través de la comparación entre el simbolismo de la cruz y la prédica patriótica: «A la luz de esa pasión, nuestro poeta se prefigura, diríamos, en el José de Arimatea; pero a diferencia de aquel, no se presenta ante el Pilato colonial por un permiso especial para desclavar al crucificado, sino ante su pueblo para convocarlo a participar de una gran gesta patriótica.»

En la sección titulada *La naturaleza en Martí: los motivos de una metáfora*, Vidal se adentra en la poética general del maestro para analizar su concepción ética, estética y filosófica a partir de su valoración de la naturaleza: «Mucho habría de impresionar al Apóstol la espontaneidad y el color de la naturaleza americana, fuente de todo símbolo y predilección estética de su obra». Por su amplitud temática, *José Martí: a la lumbre del zarzal*, en un libro abarcador; y es también, por la profundidad de algunos de sus textos, un libro que hace pensar. Una mirada a los títulos de los epígrafes lo demuestra: *La muerte: presencia y poesía*; *El sacrificio: motivo y ofertorio*; *La cruz: símbolo y desafío*; *La naturaleza de la América nuestra*; *Humanismo vs. Panteísmo*; *Ser, donde vibra el universo*; y *Símbolos de virtud y vicio en la naturaleza*. Hay otros de complejidad similar, como *Naturaleza y Geopolítica*, donde Vidal nos dice: «La independencia de Cuba constituía entonces la piedra angular para el destino político y económico del hemisferio. Martí sabía que un acontecimiento de tal magnitud marcaría el curso del mundo de un golpe». Son muchos más (cada uno enfocado, aunque desde ángulos diferentes, en un Martí espiritual), pero es imposible enumerarlos todos.

Antes de la bibliografía, el libro cierra con unas palabras «a modo de conclusión» en las que Vidal afirma: «La energía cálida de la naturaleza, síntesis de sabiduría y belleza, es expresión sensible de un deseo legítimo en la reflexión martiana: *El primer trabajo del hombre es reconquistarse*. Esta máxima expresa quizás el *summun* de un pensamiento filosófico de gran valor. El hombre, cuyo étimo es *tierra*, viene a ser como un resumen del ámbito natural, un modelo reducido de la *Creación*, materia y espíritu, símbolo conector de las relaciones entre lo humano y lo divino, lo cósmico y lo espiritual»

José Raúl Vidal, La Habana–Cuba, 1968. Ensayista y crítico. Profesor investigador de la obra martiana. Ha escrito los siguientes libros: Los versos libres de José Martí: notas de imágenes, El ritmo semántico como estructurador de los versos libres, La naturaleza en Martí: motivo de una reflexión, Amor con amor se paga: un proverbio inmenso *y* La narrativa cubana del exilio. *Vive en Miami desde 1998.*

CECILIA LA VILLA

JUANÍN
–Testimonios de una vida ejemplar–

Durante mucho tiempo, los miembros del Directorio Revolucionario Estudiantil se habían sentido en deuda con uno de sus más queridos compañeros de lucha, Juan Pereira Varela (Juanín), muerto el 17 de diciembre de 1961 a los 20 años de edad, durante una operación clandestina en la que saldrían algunos infiltrados de la organización y entrarían otros. Esa acción –una de las tantas que el Directorio llevaría a cabo contra la dictadura castrista– y la muerte de aquel valeroso joven, habían ido quedando en el olvido en el fragor de los fusilamientos, la cárcel y el exilio que vendrían después.

Es por eso que al cumplirse 50 años de su caída en combate, sus amigos del Colegio Baldor y de la Agrupación Católica Universitaria, se han unido a los hombres y mujeres del Directorio para rendirle tributo en un libro sencillo y conmovedodor, *Juanín* (Ediciones Universal, 2011), editado por Cecilia la Villa de Fernández–Travieso, en el que se recogen testimonios de los que lo conocieron.

El libro comienza con un prólogo de Tomás Fernández–Travieso y a continuación una sección de los datos biográficos de Juanín: «Nació en La Habana, Cuba, el 31 de enero de 1941. Hijo único de Aurelia Varela Moreno y Juan Pereira Pereira, naturales de Galicia, España. Cursó la segunda enseñanza en el Colegio Baldor y se graduó de Bachiller en 1958. Se incorpora a la Agrupación Católica Universitaria y el 8 de diciembre de 1959 se hace Congregante».

De esa época, Antonio García–Crews escribe: «Conocí a Juanín en la Agrupación Católica Universitaria en La Habana. Tenía fuertes convicciones religiosas y desarrolló una profunda vida espiritual. Recuerdo que después de la Guardia Sabatina en el local de la Agrupación muy cerca de la Universidad de La Habana –Masón y San Miguel– Juanín era casi siempre mi compañero de viaje hacia mi casa en Marianao. Nuestras conversaciones eran siempre interesantes y generalmente trataban sobre dos temas: Cristo y Cuba. Corrían momentos difíciles y nosotros los teníamos que enfrentar».

Y así fue. Con la visita del vice–premier soviético Anastas Mikoyán en febrero de 1960, los vínculos de la revolución con el comunismo quedaron al descubierto. Cuba comenzaba a hundirse lentamente en la negra noche del totalitarismo. En agosto de ese mismo año se crea el Directorio Estudiantil, del que Juanín llegaría a ser, después de la fracasada invasión de Bahía de Cochinos y con el encarcelamiento y el exilio de sus principales dirigentes, su Secretario General.

Es en esa condición de líder del Directorio que el 16 de diciembre de 1961 dirige la operación en la que entrarían infiltrados desde Miami Juan Manuel Salvat y Julio Hernández Rojo. En la madrugada del día 17, la milicia rodea al grupo que esperaba en los matorrales y Juanín cae abatido por las balas en un intercambio de disparos con los milicianos.

De todos los testimonios recogidos en el libro, es el de Emilio Martínez Venegas el que mejor describe los últimos momentos de Juanín: «Llegamos a unos mangles junto al inicio de un estrecho canal donde había un bote pequeño. El canal era lo que llamaban los campesinos un estero con muy poca profundidad por el que fuimos navegando hasta llegar a la desembocadura en una especie de bahía donde comenzaba el mar abierto. Después de unos minutos observando el lugar regresamos pues la idea era reconocer el área ya que a la hora señalada había que volver para desde ese punto hacer señales a los que venían».

Esas señales nunca pudieron hacerse. «La primera guardia», – sigue diciendo Martínez– «la hicimos por una hora Marsilio con la pistola y yo con la carabina M-1. Cuando terminamos nuestro turno le entregué la carabina M-1 a Juanín y Carmelo se hizo cargo de la pistola. Como a las dos o las tres de la madrugada sentimos ruidos en la maleza y a los pocos segundos un nutrido tiroteo. Inmediatamente muchos gritos e insultos y por todas partes se aproximaron a nosotros, nos rodearon y encañonaron. Alguien gritó: está muerto. Ninguno de nosotros pudimos ver cómo mataron a Juanin. Cuando me pasaron junto a él, aprovechando la luz de las linternas de mis custodios, solamente pude ver su cara que tenía un disparo en la frente».

Leer este libro es como abrir un olvidado baúl de recuerdos y regresar al pasado. Primero encontramos sus medallas al mérito escolar, viejas fotos de amigos reunidos en una tarde cualquiera, las de una competencia deportiva o una graduación, como gráficas pruebas de una época más amable y esperanzadora, cuando aquellos jóvenes buenos todavía no sabían que sus vidas cambiarían para siempre. Y están también, en los facsímiles de las condenas a 20 y 30 años de cárcel, las huellas del horror castrista.

Han hecho bien los hombres del Directorio Revolucionario Estudiantil en publicar este libro. Aunque solo fuese para que las nuevas generaciones no olviden los sacrificios de aquella noble y heroica juventud cubana de la cual Juanín fue uno de sus máximos exponentes.

Cecilia la Villa de Fernández–Travieso nació en La Habana, Cuba, en 1943. Se educó en el Colegio del Sagrado Corazón hasta 1961, año en que el colegio fue intervenido por las fuerzas gubernamentales. Obtuvo la Licenciatura y la Maestría en Florida International University. Miembro del Directorio Revolucionario Estudiantil. Colaboró con el Movimiento Demócrata Cristiano. Ha pertenecido a diversas organizaciones religiosas y comunitarias. Falleció en Miami en mayo de 2020.